Gieß Wasser in die Suppe –
heiß alle willkommen

ILSE GRÄFIN VON BREDOW

Gieß Wasser in die Suppe – heiß alle willkommen

Die Küche meiner Kindheit
im Sommer

Mit Rezepten von
Dagmar von Cramm

SCHERZ

Fünf sind geladen,
zehn sind gekommen –
gieß Wasser in die Suppe,
heiß alle willkommen.

JUNI

1

Der Schrotthaufen

Der Juni begann mit einem Donnerschlag, den aber nicht ein Gewitter hervorrief, sondern mein Bruder. Wie üblich trieben wir Kinder uns an unserem Lieblingsort, in der Küche, herum und überhörten geflissentlich Mamsells mehrfache Aufforderung, uns zu verziehen. Die Mädchen waren gerade beim Abwasch und Mamsell beim Buttern, so dass sich sechs Personen in der engen Küche im Souterrain drehten, ganz zu schweigen von unserem Bernhardiner Möpschen, der, mal wieder seiner geliebten Buttermilch harrend, Mamsell schwanzwedelnd umkreiste.

Sie war gerade dabei, sie in einem Topf schäumen zu lassen, als es meinen Bruder überkam, wie er sich immer zu entschuldigen pflegte, wenn er Unfug getrieben hatte – «Ich weiß auch nicht, es hat mich so überkommen». Plötzlich zog er zwei Teschingpatronen aus der Hosentasche, öffnete die Ofentür und warf sie hinein. Einen Augenblick lang verhielt sich der Herd ruhig. Es war die Stille vor dem Sturm. Dann gab es einen ohrenbetäubenden Knall, es zischte und spuckte, glühende Asche und Kohlenstücke flogen durch die Gegend, Qualm kroch aus allen Ritzen, und eine dicke schwarze Wolke stieg aus dem Schornstein zum Himmel empor, von Frau Trägenapp ungläubig betrachtet, die gerade im Garten ihre Beete durchhackte. In der Küche entstand ein heilloses Durcheinander. Unsere Hauskröte hüpfte vor Schreck von ihrem Stammplatz unter dem Spülstein in die falsche Richtung und landete in der Buttermilch, Möpschen suchte Schutz unter Mamsells Röcken, die fuhr aufgeregt durch ihr Haar, und ihr stattlicher Dutt, den sie uns bislang als das Resultat des Haarwuchsmittels von «Ich, Anna Csillag» angepriesen hatte, fiel auf die von Buttermilch umspülte Kröte, die nun zu allem Schrecken auch noch im Dunkeln saß. Währenddessen floss aus einer der Abwaschschüsseln das Wasser auf den Fußboden, weil irgendetwas die Schüssel durchschlagen hatte. Uns gegenseitig beiseite schubsend, drängten wir nach draußen, allen voran Möpschen, der in seiner Angst etwas fertig brachte, was ihm bisher noch nie gelungen war: Er sprang über den Gartenzaun.

Als alles vorbei war, sagte Mamsell mehrmals: «Ich finde keine Worte!», die Mädchen malten meinem Bruder aus, was man mit so einem Lümmel in ihrer Jugend – sie waren siebzehn und achtzehn – angestellt hätte, und Mutter sagte klagend: «Kind, wie konntest du nur!»

Meine Schwester und ich warteten mit angenehmem Gruseln auf Vaters Strafgericht, das allerdings auf den nächsten Tag verschoben werden musste, weil Vater nach Berlin gefahren war. So blieb Zeit genug, um darüber zu spekulieren, wie es wohl ausfallen würde. Ich vermutete Arrest im Keller, was meinen Bruder eher fröhlich stimmte, denn dort gab es genug Stärkungsmittel, mit denen man sich die Zeit vertreiben konnte.

Meine liebenswürdige Schwester tippte sich an die Stirn. «Bist du malle? Auf die Idee ist Vater doch noch nie gekommen.» Sie hatte viel unangenehmere Dinge in petto, wie eine Woche lang im Garten Unkraut zupfen oder junge Bäume gegen den Wildverbiss mit Stinköl bestreichen, wonach man so stank, dass einem selbst Möpschen auswich. Oder, noch schlimmer, ein Gedicht lernen, für meinen Bruder, der es mit dem Lesen nicht so hatte, eine der härtesten Strafen. «Die Glocke» zum Beispiel, was ihm von Vater schon mehrfach angedroht worden war, das letzte Mal vor einer Woche, weil er sich, anstatt ihm beim Einschlagen junger Fichten zu helfen, im Kahn auf dem See herumtrieb und sich taub stellte, als Vater nach ihm pfiff.

Doch von meiner Schwester ließ sich mein Bruder noch lange nicht in Angst und Schrecken versetzen. ««Die Glocke»? Pah», sagte er, «kann ich längst auswendig!» Und er gab sogleich eine Kostprobe seines großen Wissens: «Der Mann muss hinaus ins feindliche Leben.» Allerdings war auch uns dieses von Vater gern vor seinen Berlinfahrten benutzte Zitat bekannt.

«Na, und weiter?», sagte meine Schwester. Sie bekam keine Antwort. Mein Bruder hatte sich pfeifend verzogen.

Doch Vater zeigte sich unerwartet milde. Er verweigerte ihm lediglich seinen Anteil an den Katzenzungen, die er uns mitgebracht hatte. Mein Bruder nahm es gelassen. Während Vater sie zwischen meiner Schwester und mir aufteilte, wanderte sein Blick von einem Schokoladenhäufchen zum anderen. Ich legte meine Hand schützend über meinen Anteil. Doch ich wusste, dass es mir wenig nützen würde.

Danach begab sich Vater in die Küche. Die Mädchen und

Mamsell waren noch immer beschäftigt, Küchenbuffet, Geschirr-
schrank und Herd von Ruß zu säubern. Vater sprach beruhigend
zu der Kröte, die wieder ihren Stammplatz unter dem Spülstein
neben der Pumpe eingenommen hatte, deren Hals sich aber nach
der Aufregung immer noch heftig blähte. Er streichelte den sich
wimmernd an ihn drängenden Möpschen, schaute in die Runde
und sagte: «Sieht ja wirklich schlimm aus.»

«Besonders der Herd», sagte Mamsell. Sie deutete auf die ver-
beulte Ofentür, durch die der Herd grimmig glühte. Offensichtlich keimte in ihr die Hoffnung, Vater werde nun endlich über
seinen Schatten springen und ihr einen neuen spendieren. Ange-
sichts der vielen Blessuren, die der Herd davongetragen hatte, kam
Vater zwar diesmal nicht wie sonst auf den Rehrücken zurück, den
die Frau des Försters anno dazumal, als das Ehepaar noch hier
gewohnt hatte, auf diesem Herd so einmalig zubereitet hatte, aber
Mamsell sah seinem Gesicht an, dass es auch diesmal nicht klappen würde. Trotzdem machte sie noch einen Versuch. «Herr Graf
sehen doch selbst: der reinste Schrotthaufen!»

Vater versprach, ernsthaft darüber nachzudenken. Zunächst
müsse aber der Ofensetzer ran und natürlich Maler Blumenthal.
«Wissen Sie vielleicht, wo er steckt?»

«Keine Ahnung», sagte Mamsell mürrisch, die sich das Resultat
von Vaters Nachdenken an zehn Fingern abzählen konnte. Der
ging mit einem bestrickenden Lächeln über ihre sich verfinsternde
Laune hinweg, zuckte aber dann doch beim Hinausgehen zusammen, als ihm Mamsell halb laut jenen Kindervers hinterher-
feuerte, der das Signal dafür war, dass ihre schlechte Laune den

Höhepunkt erreicht hatte: «Ich sitze hier und schneide Speck, und wer mich liebt, der holt mich weg.»

Niemand konnte Vater sagen, wo sich Maler Blumenthal aufhielt. Der kam und ging, wie es ihm passte, war oft monatelang aus der Gegend verschwunden und tauchte dann plötzlich wieder auf, arbeitete längst nicht für jeden und verhielt sich im Allgemeinen wie ein eigenwilliger Künstler, vor allem, was die Wahl der Farben betraf. Auch diesmal war er wieder für eine Überraschung gut und stand unerwartet vor unserer Haustür, als ahnte er, in welchen Nöten wir steckten. Der Ofensetzer erschien ebenfalls, begutachtete den Herd von allen Seiten und meinte ungläubig: «Wollen Herr Graf wirklich, dass ich da noch mal rangehe?»

Vater nickte, und Blumenthal warf Mamsell einen mitleidigen Blick zu. Beide Herren Handwerker waren sich einig, dass sehr viel Arbeit auf sie wartete, die ihre Zeit brauchte. Natürlich musste man sich zu Beginn erst einmal mit einem kräftigen Mittagessen stärken, was seine Schwierigkeiten hatte, weil der Herd viel Qualm und wenig Hitze von sich gab und Mamsell nur Rührei und Bratkartoffeln zustande brachte, wenn auch mit reichlich Schinken und Speck.

Wie gewohnt bei solchen häuslichen Unbequemlichkeiten, überließen die Eltern uns unserem Schicksal und fuhren zu Verwandten. Während sie es sich dort schmecken ließen, mussten wir uns mit in der Kochkiste warm gehaltener, noch dazu reichlich mit dem Gewürz der Seligen versehener Linsensuppe begnügen und lebten den Rest der Woche hauptsächlich von Butterbroten, die uns Mamsell allerdings mit Leberwurst, Schlackwurst und Schinken servierte oder mit Johannisbeergelee und Erdbeermarmelade versüßte.

Schließlich war der Herd wieder so einigermaßen zusammengeflickt, die Küchenmöbel waren gestrichen, und zur Feier des Tages ließ Mamsell etwas Ordentliches in der Pfanne brutzeln, es gab große Koteletts mit frischem Salat und hinterher, bei uns Kindern besonders beliebt, arme Ritter.

Am nächsten Tag kehrten die Eltern zurück und besichtigten die Küche, die nun in einem laubfroschfarbenen Grün prangte. Neben der Pumpe hatte Blumenthal eine etwa zehn Zentimeter große Seejungfrau, natürlich entsprechend entblößt, gemalt, deren Gesicht eine gewisse Ähnlichkeit mit Mutter nicht abzusprechen war, was diese im Gegensatz zu Vater sehr verlegen machte. Nicht so angetan war er allerdings von dem Spruch, der in schnörkelreicher Schrift über dem erneuerungsbedürftigen Herd prangte: «Jeder Mensch ist anders albern.» Dazu blickte dem Betrachter aus dem schwungvollen «a» des Wortes «albern» ein Gesicht entgegen, das uns vertraut schien, nämlich Vaters. Der drehte jedoch wie immer sofort den Spieß um.

«Siehst du, mein Junge», sagte er zu meinem Bruder, «da hat's dir der Blumenthal mal ordentlich gegeben. Wobei ja das Wort ‹albern› noch schwach ist für das, was du angerichtet hast.» Aber er war von seinem Konterfei begeistert. Kein Gast kam ihm ins Haus, dem es nicht vorgeführt wurde, obwohl sich das Bild durch Küchendämpfe, Qualm und Fliegenkleckse allmählich stark veränderte und mehr Ähnlichkeit mit unserer Hauskröte als mit Vater bekam.

Auf einen neuen Herd kam Mamsell in der nächsten Zeit nicht mehr zurück. Aber es gab jetzt häufiger als sonst ein Gericht, das Vater hasste: Hefeklöße mit Backobst.

LINSENSUPPE (AUS DER KOCHKISTE)

Früher weichte man Hülsenfrüchte erst ein, goss dann das Wasser ab und setzte sie mit frischem Wasser auf. Dabei gehen eine Menge Mineralstoffe verloren. Auch der Zusatz von Natron ist heute nicht mehr üblich: Linsen sind heute gereinigt und zarter als früher. Die Zubereitung ist deshalb einfacher geworden:

300 g braune Linsen
¾ l Wasser
¾ l starke Fleischbrühe
1 Stück Sellerie
1 Porreestange
schwarzer Pfeffer aus der Mühle
2 Stiele Thymian
2–3 geräucherte Bratwürste
1 EL Schweineschmalz
2 Zwiebeln

1–2 EL Mehl
1 EL Rübensirup
1–2 EL Essig
Salz
1 Bund Petersilie

Für die «Bröckchen»:
2–3 Scheiben altbackenes
    Graubrot
4 EL Butter

Die Linsen in einem Sieb waschen, dann im Kochtopf etwa 2 Stunden im Wasser einweichen. Die Brühe dazugeben und alles etwa 20 Minuten leicht kochen. Sellerie und Porree gründlich waschen, putzen bzw. schälen. Sellerie in kleine Würfel, Porree in dünne Ringe schneiden, beides in die kochende Suppe geben, mit Pfeffer und Thymian würzen und weitere 10 Minuten kochen lassen.

Inzwischen die Bratwürste in Scheiben schneiden und im Schmalz bei mittlerer Hitze knusprig braten, herausheben und in die Suppe geben. Die Zwiebeln schälen und in Würfel schneiden, im Bratenfett goldbraun rösten. Das Mehl darüber stäuben und kurz anschwitzen. Zwei Kellen

Suppe in die Pfanne geben, verrühren, bis sie glatt ist, und dann alles in die Suppe rühren. Mit Sirup, Essig und Salz würzig abschmecken, den Thymian herausfischen. Petersilie waschen, Blättchen abzupfen und hacken, auf der Suppe anrichten. Für die Bröckchen das Brot in 1 cm große Würfel schneiden und in der Butter goldbraun rösten, zur Suppe servieren.

Kochkiste

Die Kochkiste, eine ausgepolsterte Holzkiste mit ebenfalls gepolstertem, sehr fest schließendem Deckel, war das, was man heute eine Energie sparende Erfindung nennen würde. Nachdem das Essen auf der Feuerstelle zum Kochen gebracht worden war, kam es direkt in die Kochkiste und garte dort nach. Das war besonders bei Hülsenfrüchten oder Getreidegerichten günstig, die eine lange Garzeit haben. Fleisch konnte man mit dieser Methode nicht garen: Dazu war die Temperatur nicht hoch genug.

Kalbskoteletts au four

sind viel feiner als die üblichen Schweinekoteletts – eben keine Alltags-speise. Deshalb wurde ihnen mehr Sorgfalt gewidmet, die sich auch heute noch lohnt.

Zutaten für 4 Personen:

1 kg abgehangene Kalbskoteletts	1¹/₂ EL Mehl
1 Zwiebel	200 g Champignons
1 Möhre	1 EL Zitronensaft oder Essig
1 Petersilienwurzel	2 EL gehackte Petersilie
Salz, Pfeffer	2–3 EL geriebener Parmesan
³/₄ l Wasser	1–2 EL Krebsbutter
50 g Butter	

Die Koteletts vom Schlachter in rippendicke Scheiben schneiden und ganz auslösen, die Knochenabfälle mitgeben lassen. Die Koteletts wa-schen, Sehnen und Flachsen abschneiden und mit den Knochen in einem Topf leicht anrösten, mit Wasser ablöschen. Zwiebel samt Schale vierteln und zugeben. Wurzeln waschen, grob zerteilen und zufügen, salzen und pfeffern. Etwa 1 Stunde köcheln lassen, dann durch ein Sieb gießen – es sollte etwa ¹/₂ l Brühe übrig sein. Zwei Drittel der Butter schmelzen, das Mehl zugeben und so lange abbrennen, bis es gelblich wird. Dann vom Herd ziehen und nach und nach die Brühe unterschlagen, etwa 15 Minuten leicht kochen lassen. Die Champignons mit Küchenpapier abreiben, Stiele nachschneiden und die Pilze je nach Größe halbieren oder vierteln. In den letzten 5 Minuten mitkochen lassen. Die Soße mit Zitronensaft, Petersilie, Salz und Pfeffer abschmecken.

Inzwischen den Backofen auf 180 Grad vorheizen. Die Koteletts salzen und pfeffern. In einer ofenfesten Pfanne die restliche Butter erhitzen, Koteletts von jeder Seite 2–3 Minuten kräftig braten. Mit der Soße übergießen. Parmesan darüber streuen. Die Krebsbutter zerlassen und darüber träufeln. Die Pfanne im heißen Ofen etwa 20 Minuten überbacken. Dazu gibt es Salzkartoffeln.

Tipp: Schneller geht's ohne Überbacken – dann die Soße mit Fleischextrakt (heute können Sie stattdessen Sojasoße nehmen) und einem Schuss Sahne abschmecken.

ARME RITTER

Sie waren die ideale Verwertung für altbackenes Brot! Dazu passt Kompott.

ZUTATEN FÜR 4 PERSONEN:

4 fingerdicke Scheiben
   altbackenes Brot
   (etwa 250 g)
2 Eier
gut $\frac{1}{4}$ l Milch
$\frac{1}{2}$ TL abgeriebene Zitronenschale
75 g Semmelbrösel
etwa 40 g Butterschmalz
Zimtzucker zum Bestreuen

Für das Kompott:
etwa 700 g Himbeerrhabarber
$\frac{1}{4}$ l Wasser
150 g Zucker

Nur sehr dunkle Rinde vom Brot abschneiden. Die Eier trennen, das Eigelb mit der Milch und der Zitronenschale verquirlen. Die Brotscheiben in eine flache Form legen und mit der Eiermilch tränken. Reicht die Flüssigkeit nicht, etwas Milch zugeben. Die Eiweiß mit 1 EL Wasser verrühren. Jeden Ritter erst in Eiweiß, dann in Semmelbröseln wenden. Im heißen Butterschmalz von beiden Seiten goldgelb ausbacken. Mit Zimtzucker bestreut zu Tisch geben.

Für das Kompott den Rhabarber waschen und in 2 cm lange Stücke schneiden. Sie brauchen die rosa Schale nicht abzuziehen, weil sie so zarthäutig ist. Das Wasser mit dem Zucker zum Sirup kochen, Rhabarber einlegen und 2–3 Minuten aufkochen, dann abkühlen lassen. Nach Geschmack ein Stück Zimt mitkochen.

HEFEKLÖSSE MIT BACKOBST

Die Klöße werden in Salzwasser gekocht. Wichtig: Sie brauchen genug Platz, um sich auszudehnen. Weil wir meist nicht mehr so riesige Töpfe und Kochstellen wie damals haben, müssen Sie evtl. auf zwei Töpfen parallel kochen. Es lohnt sich!

ZUTATEN FÜR 4 PERSONEN:

Für das Backobst:

350 g Backobst (bitte rappel-
trocken und ungeschwefelt
aus dem Bioladen:
Birnen, Äpfel, Pflaumen)
1 Stück unbehandelte
Zitronenschale
1 Zimtstange
4–5 EL Zucker

Für die Klöße:

ca. ⅛ l Milch
1 Würfel Hefe
4–5 EL Zucker
400 g Mehl (am besten
Type 550)
2 Eier
1 Prise Salz
1 EL Butter
50 g geklärte Butter
zum Beträufeln

Das Backobst in einer Schüssel mit Wasser bedecken und an einem warmen Ort über Nacht quellen lassen. Am nächsten Tag den Obstsud durch ein Sieb in einen Topf gießen, das Backobst mit der Zitronenschale und der Zimstange zufügen und etwa 15 Minuten weich kochen. Den Saft abgießen, auffangen, die Gewürze entfernen und den Saft mit Zucker etwas dicklich kochen, das Obst wieder einlegen (dadurch bleiben die Früchte schön säuerlich). Heiß zu den Klößen reichen.

Für die Klöße die Hefe mit einem Teelöffel Zucker in der lauwarmen Milch auflösen. Mehl in eine Schüssel geben, in die Mitte eine Mulde

machen, die Hefemilch hineingießen, etwas Mehl vom Rand her einrühren. Die Eier und die Butter an den Rand geben, nicht verrühren.
Alles eine Viertelstunde im Warmen (im Elektrobackofen bei 50 Grad)
gehen lassen. Dann den übrigen Zucker und das Salz zufügen und alles zu
einem elastischen Teig verkneten – evtl. etwas Milch zugeben (heute
können Sie zum Kneten die Knethaken der Küchenmaschine nehmen,
denn Hefeteig bearbeiten ist Schwerstarbeit!). So lange bearbeiten, bis er
nicht mehr klebt. Dann nochmals etwa 1 Stunde gehen lassen. Mit
bemehlten Händen 12 apfelgroße Klöße formen. Gesalzenes Wasser zum
Kochen bringen, die Klöße einlegen und bei kleiner Hitze und geöffnetem Deckel ganz sanft kochen lassen. Schwimmen die Klöße einige
Minuten oben, umdrehen und weitere 10 Minuten garen. Mit einem
Holzspießchen einstechen: Klebt kein Teig daran, sind sie gar. Mit einem
Schaumlöffel herausheben und jeden Kloß mit einer Gabel kurz ein-
reißen (damit sie nicht zusammenfallen), je ein Flöckchen geklärte Butter
(Butterschmalz) hineingeben und mit dem Kompott auftischen.

Tipp: Diese Klöße sind kaum süß, weil der Zucker durch die Hefe fast
verzehrt wird. Man könnte diese Klöße also auch zu Sauerbraten oder
Rouladen essen.

2

Tischlein deck dich

Jedes Mal, wenn Mamsell ihren Urlaub nahm und in ihren schlesischen Heimatort fuhr, gab es im Haus ein großes Lamento. In diesem Jahr war es nicht anders. Die Eltern taten, als fielen sie aus allen Wolken. Dabei hatte Mamsell, je näher der Zeitpunkt ihrer Abfahrt rückte, immer häufiger davon gesprochen, denn sie fuhr ungern weg und litt an heftigem Reisefieber.

«Ausgerechnet im Juni», rief Vater, «dem herrlichsten Monat, den die Natur hier zu bieten hat!» Das stimmte. Schon durch die kurz vor dem Schnitt stehenden blühenden Wiesen zu streifen war ein Hochgenuss.

Aber Mamsell beharrte darauf, dass es im Interesse des Hauses der beste Monat sei. «Wenn ich wieder zurück bin, geht's mit dem Einwecken los. Außerdem, knappe zwei Wochen, die sind doch schnell rum.» Sie tat, als gönnten wir ihr diese Zeit nicht, wäre aber aufs Höchste beleidigt gewesen, wenn wir sie nicht für unentbehrlich gehalten hätten. «Und außerdem, Baronesse Herta wird's schon richten. Sie kocht doch recht ordentlich.»

«Ordentlich?», rief Vater. «Ach, wir werden kannenweise Kräutertee zu trinken bekommen und Hungerpoten saugen. Und ihre Bratklopse! Liegen wie Wackersteine im Bauch.»

Mamsell strahlte geradezu. «Nun, vielleicht ein bisschen scharf gebraten», nahm sie großzügig ihre Vertretung in Schutz. «Aber das lag bestimmt wieder an dem verdammten Herd.» Diese Beleidigung wurde von ihrem Erzfeind sofort quittiert. Die Milch kochte über.

«Mamsell hat Recht», sagte Mutter. «Ich finde es rührend von Herta, dass sie sich angeboten hat, Mamsell und mich zu vertreten.»

«Dich?», rief Vater ungläubig. «Du hast doch wohl nicht auch die Absicht, uns im Stich zu lassen?»

Doch, die hatte Mutter und viele handfeste Gründe, um wieder einmal ihre Schwester zu besuchen. Worauf Vater sofort beschloss, es ihr gleichzutun und für ein paar Tage nach Berlin zu entfliehen. Unaufschiebbarer Geschäfte wegen natürlich.

Kurz vor Mamsells und Mutters Abreise brach die gewohnte Hektik aus. Erst musste Mamsell zur Bahn gebracht werden, dann kam Tante Herta angereist, und danach verabschiedete sich Mutter in einem Aufzug, wie wir ihn nur selten zu sehen bekamen. Mit Schmuck behängt, in einem Modell von Gerson und mit einem kecken Hütchen auf dem Kopf schwebte sie die Treppe herunter.

«Eine Würde, eine Höhe entfernte die Vertraulichkeit», sprach Vater andächtig und rettete Mutters Kostüm noch im letzten Augenblick vor Möpschens Sabbermaul, der sich auf seine Weise von ihr verabschieden wollte.

Zu unserer großen Überraschung hatte sich unsere Tante auf angenehmste Weise verändert. Zwar trug sie immer noch mit Hilfe einer goldenen Hirschhakennadel hochgeschlossene Blusen und war auch sonst wie üblich recht burschikos, aber es ging etwas Berauschtes, Glühendes von ihr aus, was wir uns nicht erklären konnten. Aber anscheinend nahm der Herd es wohlwollend zur Kenntnis. Jedenfalls tat er unter ihrer Regie keinen Mucks, sondern brav alles, was von ihm erwartet wurde. Und das war eine Menge. Tante Herta nämlich war von einer jähen Leidenschaft fürs Kochen ergriffen, ausgelöst durch einen Kochkurs, den sie in einem Feinschmeckerrestaurant absolviert hatte. Auf diese Mitteilung hin hatte Vater es plötzlich gar nicht mehr so eilig, nach Berlin abzureisen.

Die Mädchen waren etwas skeptisch und warteten erst mal ab, wie die Baronesse sich so anließ, ob sie sich womöglich in ihre Belange einmischte und an ihnen herumerzog oder sich sonstwie aufspielte. Vielleicht wie ihr Dackel, der sich bereits recht bramsig benahm, sich in Möpschens Korb breit machte und ihn anknurrte, während der winselnd davor stand und sich nicht traute, sein Hausherrenrecht in Anspruch zu nehmen. Aber Tante Herta lag es fern, sich unbeliebt zu machen, was die Mädchen erleichtert zur Kenntnis nahmen. Sie waren nun täglich bis weit nach Mitternacht auf der Sause und brauchten nicht zu befürchten, wie bei Mamsell niederschmetternde Strafpredigten anhören zu müssen.

Auch wir blieben von erzieherischen Maßnahmen verschont, denn Tante Herta hatte nur eins im Sinn: uns allen zu zeigen, was in ihr steckte. Aus einer halben Vegetarierin, die gern an rohen Mohrrüben und Ähnlichem herumknabberte, war eine Feinschmeckerin geworden, die unbedingt ihre Umwelt an ihren neu entdeckten Sinnesfreuden teilnehmen lassen wollte. Wer diese an ein Wunder grenzende Verwandlung vollbracht hatte, blieb im Dunkeln. Es war uns auch gleichgültig. Lange waren wir nicht mehr so verwöhnt worden. Rücksichtslos plünderte sie die Vorräte im Keller, briet, köchelte und buk und hielt ständig immer neue köstliche Überraschungen für uns bereit. Und nicht nur für uns, sondern auch für Möpschen und den Dackel, denen Tante Herta unauffällig, damit Vater es nicht merkte, beim Essen dicke Happen unter den Tisch reichte.

Vater, der gern klagte, in diesem Hause herrsche eine ungeheure Verschwendung, wurde zum Topfkucker und stieß nur ein teils erfreutes, teils erschrockenes «Donnerwetter!» hervor, als ein Glas Orangenmarmelade auf dem Frühstückstisch stand. Es gab nämlich nur wenige Gläser davon und war für Mamsell das Kostbarste, was sie zu bieten hatte. Den von uns sowieso sehr geschätzten Milchreis mit Zimt und Zucker steigerte Tante Herta zum Reis à la Trautmannsdorf, den uns Mamsell nur bei Diners als Nachtisch gönnte. Zur Vesper standen nun nicht mehr Brot und Pflaumenmus an erster Stelle, sondern feinstes Gebäck, darunter auch eine Schichttorte, der Vater das in seinen Augen höchste Lob spendete: «Schmeckt wie bei Smolinsky gekauft.» Smolinsky war unsere Konditorei in Rathenow. Es gab nun Vorspeisen wie pochierte Eier in verschiedenen Variationen, ebenso variantenreiche Käseaufläufe, darunter einen mit frischem Spinat, was uns diesem sonst wenig geschätzten Gemüse näher brachte. Es gab an gewöhnlichen Wochentagen Sonntagsgerichte wie Rehgulasch mit Pfifferlingen, Kartoffelpüree und Preiselbeeren.

Den Mädchen schmeckte es ebenso gut wie uns, wenn sie auch

manchmal hinter Tante Hertas Rücken über den vielen Abwasch klagten. Und wenn sie aus dem Keller kamen, blickten sie sich viel sagend an und machten ein Auweia-Gesicht. Denn Tante Herta behandelte den Vorratskeller wie ein Tischlein-deck-dich, das sich von allein wieder auffüllt. So zierten die von Mamsell gehüteten Sauerkirschen den Mürbteigboden, zu jedem Flammeri gab es abwechselnd reichlich Erdbeerkompott oder Schwarzkirschen und täglich zum Frühstück ein weiches Ei. Die Fahrt nach Berlin hatte Vater nun völlig vergessen, und ungewöhnlich geduldig ertrug er Tante Hertas ewiges Vorsichhingesumme, das ihm sonst auf die Nerven zu gehen pflegte.

Zwei Tage vor Mutters und Mamsells Rückkehr verabschiedete sich unsere Zauberköchin. Vater ließ es sich nicht nehmen, sie mit den Füchsen selbst zur Bahn zu bringen, und wir fuhren alle mit. Dagegen ging die Rückkehr unserer beiden Gebieterinnen, wie Vater sie gelegentlich nannte, ziemlich sang- und klanglos über die Bühne. Zwar sagte Vater seinen Standardsatz: «Schön, dass ihr wieder da seid», aber es klang nicht sehr überzeugend.

Mutter wollte natürlich sofort wissen, wie wir mit Tante Herta zurechtgekommen waren. «Keine besonderen Vorkommnisse», sagte Vater. Mutter gab sich damit zufrieden. Allerdings fielen ihr ein paar Kleinigkeiten auf, dass Möpschen neuerdings Quartier unter dem Esszimmertisch bezogen hatte, zum Beispiel, oder dass ich, anstatt wie gewohnt während des Mittagessens meinen Durst mit Wasser zu löschen, quengelig nach Himbeersaft verlangte. Worauf meine Schwester tatsächlich, ohne zu fragen, aufstand, eine Flasche davon aus dem Keller holte und wir drei Kinder uns reichlich davon bedienten, wobei wir das Verhältnis Wasser zu Himbeersaft gegen jede Regel umdrehten, so dass die Flasche in kurzer Zeit leer war. Zu ihrem Erstaunen nannte Vater bei der Vesper Mamsells Kaffeemischung wiederum eine grauenhafte Plörre, schob dann das Pflaumenmus beiseite und wollte wissen, ob noch von der Schichttorte da sei.

Mutter sah grübelnd vor sich hin, was sie stets tat, bevor sie Unangenehmes erörterte. «Herta muss euch ja sehr verwöhnt haben», sagte sie.

«Nun ja, sie kocht wirklich recht nett», meinte Vater.

«Bist du deswegen nicht nach Berlin gefahren? Du hattest doch sehr wichtige Termine.»

«Stimmt. Aber der Direktor von der Dresdner Bank ist plötzlich krank geworden.»

«Krank?», sagte Mutter gedehnt. «Als ich auf dem Lehrter Bahnhof umstieg, kam es mir so vor, als hätte ich ihn dort gesehen. Jedenfalls winkte mir jemand heftig zu, der ihm sehr ähnlich sah.»

Vater blieb es erspart, sich weiter verteidigen zu müssen, denn es klopfte an der Esszimmertür, und Mamsell kam schwer atmend herein. Ihr Gesicht verhieß nichts Gutes. «Frau Gräfin, Sie glauben es nicht!»

«Was denn, um Himmels willen!», rief Mutter. «Was ist passiert?»

«Die Vorräte! Alles weg! Kaum noch was da!» Ohne auf den besserwisserischen Hinweis meines Bruders zu achten, wenn alles weg sei, könne nicht kaum noch was da sein, zählte sie auf:

«Fleisch, Kompott, Pilze, Butter, Sahne, Eier und» – ihre Stimme hob sich – «kein einziges Glas mehr von der Orangenmarmelade!»

Mutter eilte in den Keller. Ganz so schlimm, wie Mamsell es geschildert hatte, war es Gott sei Dank nicht, wenn auch der Verlust der Orangenmarmelade schmerzlich war. Doch Mamsell hatte nicht nur die Vorräte zu beanstanden, sondern zum Beispiel auch den Umgang mit den gusseisernen Pfannen. Diese wurden stets mit Hilfe von Salz und dem dafür sehr geeigneten «Westhavelländer» von Fett und Angebranntem gereinigt. Aber Tante Herta hatte die Todsünde begangen, sie regelrecht auszuscheuern, noch dazu mit Ata!

Es dauerte seine Zeit, bis Mamsell sich wieder beruhigte. Auch Möpschen zeigte sich renitent. Er hatte wieder die Unart angenommen, sich auf den frisch bepflanzten Gartenbeeten zu wälzen, und steckte dauernd seinen dicken Kopf in den Schweineeimer, wohl in der Hoffnung, noch etwas von Tante Hertas übrig gebliebenen Köstlichkeiten zu finden, wobei er den Fußboden voll kleckerte. Er musste zweimal den Teppichklopfer zu spüren bekommen, bis er endlich begriff, dass wieder strengere Sitten herrschten.

Vater schien der Begriffsstutzigste zu sein, denn zu Mutters Erstaunen setzte er sich täglich eine kalte Ente an. Aber Mutter war langmütiger als Mamsell. Sie glaubte fest daran, dass wir schnell wieder auf den Pfad der Tugend zurückfinden würden. Und das taten wir auch notgedrungen.

Aber nicht nur wir. Der Familienklatsch machte mal wieder die

Runde, und wir erfuhren nicht nur von Tante Hertas Liebe zu dem Restaurantbesitzer, bei dem der Kochkurs stattgefunden hatte, sondern auch ihr trauriges Ende. Angeblich hatte er unzumutbare Dinge von ihr verlangt. «Was denn?», fragte Vater interessiert. *«Attention, les enfants»,* sagte Mutter. Und so kehrte auch Tante Herta zu den preußischen Tugenden der Sparsamkeit zurück und damit auch zu den Kräutern.

«Einmal im Leben die Sonne sehn, und dann im Schatten der Nacht vergehn», sagte Vater melancholisch und stocherte lustlos in den Béchamelkartoffeln herum.

Reis à la Trautmannsdorf

Diesen luxuriösen Nachtisch gab es in vielen Variationen – mit und ohne Früchte. Manchmal gab man auch Orangeat und Zitronat hinein. Wichtig: Die Schlagsahne erst ganz zum Schluss unterziehen, damit die Speise cremig bleibt. Steht sie länger, quillt der Reis nämlich weiter und wird trocken.

Zutaten für 4 Personen:

1 Vanilleschote	80 g Zucker
600 ml Milch	50 g gehobelte Mandeln
200 g Milchreis (oder Risottoreis)	1 Glas eingeweckte Schatten-
50 g Rosinen	morellen oder Aprikosen
20 g kandierte Angelika	⅛ l süße Sahne

Einen Topf mit kaltem Wasser ausschwenken, die Milch einfüllen. Die Vanilleschote aufschlitzen, das Mark in die Milch kratzen und die Schote dazugeben. Alles zum Kochen bringen, den Reis zugeben und zugedeckt 10 Minuten kochen lassen. Die Angelikastängel in dünne Scheiben schneiden, mit den Rosinen und gut der Hälfte Zucker unterziehen, nochmals aufkochen lassen, Herd abschalten und den Reis bei Resthitze nur noch ziehen lassen. Die Mandelblättchen in einer beschichteten Pfanne ohne Fett so lange rösten, bis sie duften, herausnehmen. Die Schattenmorellen abtropfen lassen. Den abgekühlten Reis in den Kühlschrank stellen, bis er ganz erkaltet ist. Eine halbe Stunde vor dem Essen die Sahne mit dem übrigen Zucker steif schlagen und unter den Reis ziehen. In eine Kristallschale erst eine Schicht Kirschen, Mandelblättchen, Reis, wieder Kirschen, Mandeln und Reis einschichten. Mit Mandelblättchen und Angelika verzieren. Bis zum Essen kalt stellen.

SCHICHTTORTE

Schichttorten sind Glaubenssache. Die eine Fraktion macht den Teig weich und streicht jede Schicht fürs Backen auf die Form. Die andere Fraktion hält dieses Verfahren für unsolide: Schicht für Schicht muss mühsam ausgerollt werden – und zwar so dünn wie möglich! Die Qualität einer Mamsell schlug sich klar sichtbar in der Zahl der Schichten nieder. Wer bei diesem Rezept zehn schafft, hat die Prüfung bestanden...

ZUTATEN FÜR EINE SPRINGFORM ∅ 26 CM:

500 g Mehl	*Für den Guss:*
250 g Zucker	150 g Puderzucker
375 kalte Butter	3–4 EL Zitronensaft
1 Ei	
2 Eigelb	
1 Prise Salz	
1 Glas rotes Johannisbeergelee	

Das Mehl auf die Arbeitsfläche häufeln, mit Zucker und Salz mischen. Die Butter in Stückchen in die Mitte geben und mit einem Messer mit dem Mehl durchhacken. Das Ei und die Eigelb zugeben und alles mit den Händen gründlich durchkneten, bis sich das Fett völlig verteilt hat und der Teig elastisch ist. Im Gemüsefach des Kühlschranks über Nacht ruhen lassen. Dann in 8–10 Portionen teilen (je nach angestrebter Schichtzahl). Das Unterteil einer Springform am besten mit einem zugeschnittenen Stück Backpapier auslegen. Den Backofen auf 180 Grad vorheizen. Den ersten Boden ausrollen, auf den Springformboden legen, die Ränder begleichen, den Boden mehrfach mit einer Gabel einstechen und im heißen Ofen in 10–12 Minuten goldgelb backen. Inzwischen das Gelee glatt rühren, eine Tortenplatte bereitstellen und den nächsten Boden ausrollen. Den fertig gebackenen Boden auf die Platte gleiten lassen, den nächsten Boden in den Ofen schieben (am besten, man hat zwei Springformböden, denn jeder Teig muss auf eine kalte Unterlage aufgebracht werden, sonst wird er klitschig). Während der zweite Boden bäckt, den ersten mit Gelee bestreichen. Den zweiten direkt aus dem Ofen auf den vorbereiteten Geleeboden setzen. So fortfahren, bis der Teig aufgebraucht ist. Aus den Reststückchen Herzchen oder Buchstaben ausstechen.

Aus Puderzucker und Zitronensaft einen dünnen Guss rühren und die Torte damit überziehen. Zu Geburtstagen kommt in die Mitte eine Kerze.

Tipp: Theoretisch ist diese Torte Monate haltbar – wie ein Mürbteigkeks. Die Art des Aufschneidens ist eine Wissenschaft für sich: Um die Kerze wird ein Karree geschnitten. Von diesem ausgehend wird ein Viertel Torte abgeschnitten und parallel zu einer Schnittseite in 3 mm dünne Scheiben geschnitten, die am Ende natürlich immer kleiner werden. Auf keinen Fall darf die Schichttorte in keilförmige Tortenstücke geschnitten werden – dann schmeckt sie nämlich nicht!

POCHIERTE EIER IN SAUERAMPFERSOSSE

Je frischer ein Ei, desto besser lässt es sich pochieren. Legen Sie das Ei zur Probe in ein Glas Wasser: Es muss nach unten sinken.

ZUTATEN FÜR 4 PERSONEN:

2 Bund Sauerampfer

50 g Butter

2 EL Mehl

400 ml Fleischbrühe

geriebene Muskatnuss

100 ml dicke süße Sahne

4 große, frische Eier

Salz

1 Schuss Essig

Für die Soße Sauerampfer waschen, trockenschütteln und mit einem Wiegemesser fein wiegen. Die Butter in einem Topf zerlassen, das Mehl zugeben und gelb schwitzen, dann den Sauerampfer zufügen und alles etwa 5 Minuten schmoren. Vom Herd ziehen und nach und nach die Brühe unterrühren, Muskatnuss beifügen, dann nochmals 10 Minuten leicht kochen lassen. Die Sahne halb steif schlagen und unterziehen.

Für die Eier in einem flachen, großen Topf reichlich Wasser mit Salz und Essig zum Kochen bringen. In einer Schüssel kaltes Wasser bereitstellen. Nacheinander je ein Ei aufschlagen und ins nur leicht kochende Wasser gleiten lassen, mit einem Löffel das Eiweiß etwas zusammenhalten. Ist das Eiklar fest und weiß, das Ei mit einem Schaumlöffel herausheben und ins kalte Wasser gleiten lassen.

Vor dem Servieren die Soße sehr heiß werden lassen, umfüllen und die Eier hineingeben. Dazu passen Toast oder Salzkartoffeln.

Spinat-Käse-Auflauf

ZUTATEN FÜR 4 PERSONEN:

5 Eier
160 g Mehl
400 ml Milch
Salz
1 EL Schmand
Butter zum Backen
und für die Form

800 g Blattspinat
1 Zwiebel
1 EL Butter
geriebene Muskatnuss, Pfeffer
150 g gekochter Schinken
150 ml süße Sahne
80 g geriebener Parmesan

Drei Eier trennen. Zwei ganze Eier und die drei Eigelb kräftig schlagen, im Wechsel Mehl und Milch, dann Schmand unterrühren. Den Teig salzen und quellen lassen.

Den Spinat putzen, waschen und in kräftig kochendem Salzwasser blanchieren – d. h. in mehreren Partien ins Wasser geben, aufkochen lassen und mit einem Schaumlöffel herausheben. Gut abtropfen lassen, dann auf einem Brett grob hacken. Die Zwiebel schälen und fein würfelig schneiden, in der Butter glasig dünsten, dann den Spinat untermischen und mit Muskatnuss, Pfeffer und Salz abschmecken.

Die übrigen Eiweiß sehr steif schlagen, unter den Pfannkuchenteig ziehen. Nacheinander in wenig Butter 5–6 Pfannkuchen ausbacken. Eine runde Gratinform buttern, den Backofen auf 180 Grad vorheizen. Den Spinat in so viel Portionen wie Pfannkuchen teilen, den Schinken ebenfalls. Eine Portion auf dem Boden der Gratinform verteilen, mit einer Schinkenportion bestreuen und einen Pfannkuchen darauf legen. So fortfahren, bis alle Zutaten eingeschichtet sind, mit Pfannkuchen abschließen. Die Sahne darüber gießen und den Parmesan darüber streuen, mit Butterflöckchen belegen. Im heißen Ofen etwa 30 Minuten überbacken.

Varianten: Statt Spinat Spargel in einer Béchamelsoße einschichten. Oder gedünstete Champignons statt Spinat. Oder gehacktes Tomatenfleisch mit Bratenresten.

REHGULASCH MIT PFIFFERLINGEN

Rehrücken und -keule wurden als Festbraten in der Regel für Gäste zubereitet. Aus den kleineren Fleischstücken wurde Gulasch, aus den Bratenresten Ragout zubereitet.

ZUTATEN FÜR 4 PERSONEN:

800 g Rehgulasch (aus Keule und Hals)	Salz, Pfeffer
100 g Schinkenspeck	1–2 EL Mehl
5 Zwiebeln	½ l Fleischbrühe
1 Lorbeerblatt	250 g Pfifferlinge
2 Nelken	1 EL Butter
1 Möhre	1 Glas Madeira
1 EL Rosenpaprika	

Das Fleisch kalt waschen und trockentupfen, in nussgroße Stücke schneiden, Sehnen und Flachsen dabei entfernen. Den Schinkenspeck fein würfelig schneiden. Zwiebeln abziehen, eine ganz lassen und mit Lorbeer und Nelken spicken. Die übrigen Zwiebeln würfeln. Möhre waschen und grob raspeln. Den Speck zerlassen, bis er glasig ist. Die Zwiebelwürfel und Möhrenraspel zugeben und kräftig anbraten. Dann das Fleisch zugeben, rundherum anbraten, mit Paprika, Pfeffer und Salz würzen und mit Mehl bestäuben. Mit geschlossenem Deckel schmoren lassen, bis der sich bildende Fleischsaft eingekocht ist. Das kann zwischen ½ und 1½ Stunden dauern – je nachdem wie abgehangen das Fleisch ist. Ist der Saft verdampft, bräunt das Gulasch – es karamelisiert sozusagen. Diesen Augenblick müssen Sie abpassen – ist er überschritten, brennt das Gulasch an. Nun mit der Fleischbrühe angießen und das Gulasch mit geschlossenem Deckel köcheln lassen, bis eine Garzeit von etwa 2 Stunden erreicht ist –

erst dann werden die bindegewebigen Fleischteile weich. Inzwischen die Pilze putzen und reinigen. In der zerlassenen Butter unter Rühren rösten, leicht salzen und pfeffern. Das Gulasch mit Madeira abschmecken, evtl. noch etwas verdünnen, die Spickzwiebel entfernen und die Pilze unterziehen. Dazu passen Kartoffelbeignets (Seite 106).

Tipp: Pfifferlinge sind oft sehr sandig, werden durch längeres Waschen aber schwammig. Wer gern Pilze isst, sollte sich eine Pilzbürste zulegen: Mit ihr lassen sich auch die Lamellen gründlich säubern, so dass danach höchstens ein kräftiges Abbrausen mit Wasser nötig ist.

3

Der große Angler

Noch hatte der Frühling das Sagen, und die Natur zeigte sich in verschwenderischer Blüte. Doch der Sommer stand schon in den Startlöchern, und Mamsell bereitete sich auf das Einwecken vor, denn die Erdbeeren röteten sich. Sie hatten prächtig angesetzt, was, wie wir Kinder meinten, allein unser Verdienst war. «Meines nicht?», fragte Vater beleidigt. Nein, das fanden wir nicht, denn er pflegte zu sagen: «Fangt schon mal mit Gießen an, ich komme auch gleich.» Und dabei blieb es dann meist.

Mamsell inspizierte die Weckgläser und konnte sich wieder einmal nicht erklären, wo eigentlich die Gummiringe geblieben waren. Sie sah uns scharf an. «Na, wisst ihr es vielleicht zufällig?» Diesen Verdacht wiesen wir weit von uns. Dabei benutzten wir sie gern, um Katapulte herzustellen.

«Ihr könnt mir viel erzählen», murrte Mamsell, «besonders du.» Sie bedachte meinen Bruder, auf den sie im Augenblick nicht gut zu sprechen war, mit einem finsteren Blick. Sie behauptete sogar, er sei ein Nagel zu ihrem Sarg, weil er dauernd mit seinen geangelten Fischen in der Küche erschien und bettelte, Mamsell solle sie ihm braten. Sie betrachtete missmutig die mickrige Beute an Barschen, Rotfedern, Plötzen oder Brassen. Sie waren nicht größer als Ölsardinen und sahen aus, als seien sie schon ziemlich lange tot. «Die sind ja nicht das Fett in der Pfanne wert.» Aber seltsamerweise konnte sie so gut wie nie den halb bettelnden, halb unverschämten Blicken meines Bruders widerstehen. Teils schimpfte sie, teils lachte sie und tat am Ende doch, was er wollte, verlangte allerdings von ihm, dass er diese «Prachtstücke» selber ausnahm und schuppte. Bei Tisch machte ihm keiner von uns dieses herrliche Essen streitig, sooft er auch großzügig davon anbot. «Kostet doch wenigstens mal.» Wir aber spürten allein vom Aussehen schon die Gräten im Hals. Tatsächlich blieb ihm häufig eine in seinem gierigen Rachen stecken, so dass Vater auf seinem Rücken herumtrommeln musste und, wenn das nichts half, ihm eine ganze Pellkartoffel zu schlucken gab.

Wann immer man fragte: «Wo steckt eigentlich der Junge?», bekam man von Vater die Antwort: «Na, wo schon?» Und wir wussten, er war mal wieder auf dem nahe gelegenen See, seinem bevorzugten Revier. Er wusste genau, welche Fischarten an welchen Stellen zu finden waren und wo man Reusen und Aalkörbe auslegen musste. Er verbrachte Stunden um Stunden im Kahn, ohne sich zu langweilen, auch wenn die Fische nicht bissen.

Ebenso wie Katapulte, Flitzbogen, Weidenflöten und Borkenschiffchen stellten wir auch unsere Angeln selbst her. Nur Haken und Schnur rissen große Löcher in unsere Ersparnisse. Die Pose bastelten wir aus einem Weinkorken, durch den wir einen Gänsekiel steckten oder, nach einem Besuch im Berliner Zoo, Stacheln von Stachelschweinen, die es dort zu kaufen gab. In die Schnur oberhalb des Hakens klemmten wir Schrotkörner aus Schrotpatronen. Sie sorgten für das nötige Gewicht. Und die Angelrute schnitten wir aus Haselnuss- oder Weidensträuchern zurecht.

Gelegentlich begleiteten meine Schwester und ich meinen Bruder zum See, um gemeinsam mit ihm vom Ufer aus zu angeln. Doch es war ratsam, sich eine Stelle in gehörigem Abstand von ihm auszusuchen, denn seine schwungvoll ausgeworfene Angel kostete mich eines Tages fast mein Auge. Glücklicherweise blieb der Haken in meiner Augenbrau stecken. Mein Bruder zeigte sich sehr besorgt, allerdings mehr um den Haken als um mich.

Die viel versprechende übel riechende Paste «Anglerglück» hielt zu seinem Verdruss nur selten, was die Werbung versprach. Die Fische zeigten sich eher uninteressiert an dieser phänomenalen Erfindung. Meist bestupsten sie nur das damit durchtränkte Brotkügelchen und schwammen davon. So mussten die armen Regenwürmer wieder ran, die wir hinter der Scheune ausgruben.

Wie alle Angler träumte auch mein Bruder vom Fisch aller Fische, einem haiähnlichen Tier, wie es das Dorf noch nicht gesehen hatte. Aber unzählige Angelhaken, die sich im Schilf verhedderten, und viele zerrissene Schnüre mussten daran glauben, bis er einen Zipfel dieses Traums zu fassen bekam. Es war an einem jener Tage, an dem ein Gewitter in der Luft lag und die Fische nach allem schnappten, was sich bewegte, in diesem Fall auch eine arglose Rotfeder nach dem Regenwurm an der Angel meines Bruders. Ehe er sie herausziehen konnte, löste sich ein Schatten aus dem Schilf, und in Sekundenschnelle hatte sich die Rotfeder in einen kräftigen Hecht verwandelt, der in rasendem Tempo mit dem Schwimmer davonzog. Mein Bruder hatte alle Mühe, ihn vorsichtig an den Kahn heranzuziehen. Und während sich die für Fische dieser Größe nicht vorgesehene Angel bereits bedenklich bog, schob er blitzschnell den Kescher unter den sich heftig wehrenden Hecht.

Aufgeregt kam er in die Küche gerannt, wo Mamsell gerade mit Mutter um die Erdbeeren kämpfte, von denen ihrer Meinung nach gar nicht genug eingeweckt werden konnten, während wir mehr dafür waren, so viele wie möglich frisch zu essen. Wie die meisten Mütter bemühte sich auch unsere, es möglichst allen recht zu machen, was dazu führte, dass sie ein schwankendes Rohr war, mal auf unserer, mal auf Mamsells Seite. Aber meist blieb beim Einmachen Mamsell Siegerin, was wir dann im Winter gar nicht genug loben konnten.

Als mein Bruder hereingestürmt kam und triumphierend den Hecht auf den Tisch warf, zuckten beide erschreckt zusammen und hörten sich seine herausgesprudelte Geschichte etwas skeptisch an. Mamsell schnitt den Fisch auf, und tatsächlich: Nicht nur die Rotfeder, sondern auch ein zweiter, kleinerer Fisch glitschte heraus. Mamsell war beeindruckt und zum ersten Mal sofort bereit, den Hecht mit einer besonders delikaten Soße zu servieren. Diesmal lehnten wir nicht ab. Wir teilten seine Beute gern mit ihm und hörten ihm höflich zu, während er diese unglaubliche Geschichte dreimal zum Besten gab.

Hin und wieder, wenn ich genug gebettelt hatte, ließ mein Bruder sich herab, mich auf den See mitzunehmen, wenn er morgens nach den Reusen sah. Meist war er allerdings zu dieser Güte nur bereit, wenn er mich als Packesel brauchte. Wie stets, war der am Abend zuvor so heiß gehegte Wunsch am nächsten Morgen nicht mehr ganz so dringlich, und ich wäre viel lieber im warmen Bett geblieben. Aber mein Bruder kannte kein Pardon, und meine liebenswürdige Schwester, die vom Nebenbett das Gerangel mit ansah, sagte, ehe sie sich auf die andere Seite drehte: «Am besten, du schmeißt sie gleich ins Wasser.»

Angekleidet mit einer hastig über das Nachthemd gezogenen Trainingshose und meinem Lodenmantel, stolperte ich, mich ständig in dem Netz, das er mir über den Arm gehängt hatte, verheddernd, barfuß mit dem kläglichen Ruf «Warte!» durch das taunasse Gras hinter ihm her.

Für Besucher und Gäste war unser ziemlich morscher, undichter Kahn nicht gerade ein behagliches Plätzchen, zumal man auf dem glitschigen Boden leicht ausrutschen konnte. Uns störte es nicht. Wie mein Bruder strengte ich mich an, beim Rudern möglichst wenig Geräusche zu machen. Begleitet von dem schmetternden Gesang des Rohrspatzes und dem dumpfen Ruf der Rohrdommel, glitten wir fast lautlos über den See. Er war noch von einem leichten Dunst wie von Hauchpapier bedeckt, und keine Welle kräuselte sich. Die Sonne hatte sich gerade erst auf den Weg gemacht und die durch die Eichen schimmernde Frühgerste in ein rötliches Licht getaucht. Wir ruderten an einem Teppich von Seerosen vorbei, auf deren Blättern ein behäbiger Frosch saß und nach kurzem Blickwechsel mit einem «Quak» ins Wasser sprang. Die Seerosen waren eine wahre Pracht, aber es war uns streng verboten, sie zu pflücken und in eine Vase zu stecken, weil Mamsell behauptete, sie brächten den Tod ins Haus. Dem sah man aber

eher ins Auge, wenn man ihnen beim Schwimmen leichtsinniger-
weise zu nahe kam und sie einen wie Seejungfrauen so fest um-
schlangen, dass man sich kaum wieder von ihnen befreien konnte.

Die Ausbeute der Reusen war spärlich. Nur in einem der Aalkörbe rappelte es fürchterlich, und als mein Bruder den Korb
anhob, kam ein armdicker Aal ans Tageslicht. Wir waren so aufgeregt, dass der Kahn ins Kippeln kam, aber wir schafften es dann
doch, den Aal in den Kescher zu bugsieren. Wir steckten ihn nicht
wie üblich erst in den Fischkasten, sondern brachten ihn gleich in
die Küche, wo Mamsell gerade dabei war, das Frühstück zu richten. Natürlich mussten sich auch die Eltern dieses Prachtexemplar
unbedingt ansehen. Mein Vater war des Lobes voll. «Das hast du
gut gemacht, mein Junge. Mir läuft schon jetzt das Wasser im
Mund zusammen.»

«Mir nicht», sagte Mutter und sah mit leichtem Ekel auf den
sich windenden Aal. Vater bot sich an, ihn zu töten, was Mamsell
sichtlich erleichterte.

Vor dem Mittagessen versammelten wir uns alle in der Küche,
um uns zu überzeugen, dass der Aal nun auch wirklich tot war.
Und Gott sei Dank, er regte sich nicht mehr. Mamsell hatte einen
kräuterduftenden Sud hergestellt, ließ den Aal zum Sieden hinein-
gleiten und schloss den Deckel. Einem gelungenen Mittagessen
schien nichts mehr im Wege zu stehen. Mamsell erklärte Vater
gerade die für das Gericht vorgesehene Kräutersoße, als es im Topf
zu rumoren begann und der Deckel sich hob. Die Mädchen
schrien, Möpschen schoss aus der Küche, und auch wir wichen
respektvoll vom Herd zurück.

«Das Tier wird uns doch wohl nicht den Appetit verderben!», sagte Vater, aber es lag auch Bewunderung in seiner Stimme.

Doch genau das tat es. Ich starrte auf die mir zugedachte Portion und fühlte bereits im Voraus, wie mein Magen reagieren würde. Den anderen schien es ähnlich zu gehen. Nur Vater griff herzhaft zu und prophezeite meinem Bruder großes Anglerglück. Vielleicht gelinge es ihm ja sogar, den Nöck zu fangen oder zumindest ein Kind von ihm.

Meine in Gang gesetzte Phantasie sah den kleinen Nöck mit seinen Froschfüßchen schon wimmernd und klagend in einer Reuse sitzend. Ich bekam eine Gänsehaut.

«Iss, Kind, iss!», sagte Vater.

ERDBEERKONFITÜRE

Konfitüren wurden im Kupfertopf eingekocht – das erhält die Farbe und erleichtert das Gelieren. Wenn Sie also noch einen Kupfertopf haben, benutzen Sie ihn ruhig zum Marmeladekochen. Gelierzucker und -hilfen gab es kaum: Die Konfitüre wurde so lange gekocht, bis der Zuckersirup eine bestimmte Konzentration hatte und dadurch dicklich wurde. Oder aber es wurden pektinreiche Früchte wie Äpfel – auch Holzäpfel –, Aprikosen, Johannis- und Stachelbeeren zugegeben. Neben Pektin ist auch die Fruchtsäure für das Gelieren zuständig – die Konfitüre wurde notfalls mit Zitronensaft oder grünen Früchten gesäuert. Die Gläser wurden ausgekocht und auf einem Leinentuch abgetropft. Nach dem Einfüllen wurde die Konfitüre mit Pergament abgedeckt, das passend zur Oberfläche geschnitten und in Alkohol gelegt worden war. Als Verschluss diente Zellophan, zunächst in Wasser eingeweicht, dann über die Glasöffnung gespannt und mit einer Schnur fixiert. Beim Trocknen spannte sich das Zellophan. Eine Sicherheit gegen Schimmel bot diese Methode nicht – aber die Zuckerkonzentration erlaubte es, die befallenen Stellen großzügig abzuheben. Durch die natürliche Zubereitung hat diese Konfitüre ein sehr intensives Aroma und eine fließende Konsistenz. Und da nach neusten Erkenntnissen der Ernährungswissenschaft Zucker nicht dick macht, ist so eine altmodische Konfitüre ein unschlagbarer Genuss – vorausgesetzt, die Erdbeeren sind aromatisch. Mein Tipp: Die Sorte Lambarda. Erdbeeren sind sehr empfindlich. Deshalb wird hier immer der Saft eingekocht und konzentriert. Dadurch brauchen Sie wenig Zucker.

Z<small>UTATEN FÜR</small> 5 G<small>LÄSER À</small> 250 <small>ML</small>:
500 g Zucker
2,5 kg kleine, reife, feste Erdbeeren
1 Stückchen Ingwer

Den Zucker mit 0,5 l Wasser verrühren, erhitzen und zum Sirup kochen (klären), der dick vom Löffel tropft. Ingwer schälen und zugeben. Die Erdbeeren kurz abbrausen, ganz trocknen lassen und die Kelchblätter entfernen. 500 g Beeren in den Sirup geben, 1 Minutc kochen lassen, mit dem Schaumlöffel herausheben und über einer Schüssel in einem Sieb abtropfen lassen. Den Sirup auf die ursprüngliche Menge einkochen. Dann die nächste Beerenportion zugeben, 1 Minute kochen, herausheben, abtropfen lassen und den Sirup wieder einkochen. Den Vorgang wiederholen, bis alle Erdbeeren gekocht und abgetropft sind. Den aufgefangenen Saft wieder zum Sirup geben und so lange einkochen, bis er auf die ursprüngliche Menge reduziert ist. Dann alle abgetropften Erdbeeren in den Sirup geben und 5 Minuten leicht kochen lassen, vorsichtig umrühren. Den Ingwer herausfischen und die Konfitüre in die vorbereiteten Gläser füllen. Verschließen und kühl und dunkel lagern.

Erdbeerflammeri

Heute nennt man diese Art von Süßspeise Pudding. Dazu gab es Vanillechaudeau.

Zutaten für 1 Puddingform von etwa 1 l Inhalt:

250 g Walderdbeeren oder
  Gartenerdbeeren
300 ml Rotwein (Himbeersaft
  verdünnt für Kinder)
1 EL Zitronensaft

100 g Grieß
200 g Schlagsahne
100 g Erdbeerkonfitüre
3 Eier
80 g Zucker

Die Erdbeeren waschen, putzen und Gartenerdbeeren klein schneiden. Den Rotwein mit dem Zitronensaft zum Kochen bringen. Unter Rühren den Grieß einrieseln lassen, dann die Sahne zugießen und etwa 10 Minuten weiterkochen. Die Eier trennen. Eigelb mit der Hälfte Zucker cremig rühren, die Konfitüre unterziehen. Eiweiß mit dem übrigen Zucker zu festem Schnee schlagen. Eigelb-Mischung unter Rühren in die Creme rühren, einmal aufkochen lassen, dabei weiterrühren. Dann den Eischnee unter die Creme ziehen und in eine mit kaltem Wasser ausgeschwenkte Puddingform gießen. Mindestens 6 Stunden kalt stellen, dann stürzen.
  Dazu passt Sahne oder Vanillechaudeau:

Vanillechaudeau

Zutaten für 4 Personen:

3 Eier
80 g Zucker

1 TL Speisestärke
400 ml Milch

Zwei Eier trennen. Die Eiweiß in einer Schüssel (am besten aus Kupfer) sehr steif schlagen. Die Eigelb mit dem ganzen Ei, dem Zucker und der Speisestärke in einem Topf sehr cremig schlagen. Nach und nach die Milch zufügen und weiterrühren. Unter ständigem Schlagen bis zum Kochpunkt bringen und kurz aufkochen lassen. Sofort unter weiterem Schlagen in den Eischnee gießen. Dann im kalten Wasserbad weiterschlagen, bis er abgekühlt ist. Bis zum Servieren kalt stellen.

Tipp: Wenn Sie zwei Schalen Erdbeeren waschen, putzen und einzuckern und den noch warmen Chadeau darüber gießen und das Ganze kalt stellen, haben Sie eine köstliche Erdbeerspeise.

Brathecht mit Sardellensosse

Hecht ist selten zu kaufen – Sie können stattdessen auch Zander nehmen.

Zutaten für 4 Personen:

1 Hecht (ca. 2 kg, küchenfertig vorbereitet)
1–2 EL Weißweinessig
Salz, weißer Pfeffer
60 g Semmelbrösel
60 g Butter

Für die Soße:
6 Sardellen
weißer Pfeffer aus der Mühle
1 Prise Nelkenpulver

1 Lorbeerblatt
1 Stück Zitronenschale
½ l Fleischbrühe
2–3 Schalotten
4 EL Butter
1½ EL Mehl
1–2 EL Zitronensaft
1 Glas Weißwein
Muskatblüte (Mazis)
2 Eigelb

Den Hecht gründlich waschen, die Rückenhaut abziehen und den Fisch rundherum mit Salz und Essig einreiben und pfeffern. Dann auf ein tiefes Backblech setzen und mit Semmelbröseln dick bestreuen. Die Butter schmelzen und darüber träufeln. Im vorgeheizten Backofen bei 180 Grad 1 Stunde braten. Dabei alle 10 Minuten mit dem Fond begießen.

In der Zwischenzeit die Soße zubereiten: Von den Sardellen Flossen und Gräten entfernen und diese mit den angegebenen Gewürzen und der Bouillon etwa 30 Minuten kochen. Die Schalotten schälen und fein würfeln, in 2 EL Butter anschwitzen, dann das Mehl zufügen und goldgelb rösten. Mit der gesamten Brühe angießen und eine Viertelstunde kochen, dann durch ein Sieb streichen. Mit Zitronensaft, Wein und

Muskatblüte abschmecken. Die Eigelb mit etwas Soße anrühren, unter Rühren hineingießen und unter ständigem Schlagen zum Kochen bringen. In eine Sauciere füllen und zum Brathecht reichen. Dazu gibt es Kartoffeln.

AAL GRÜN

ZUTATEN FÜR 6 PERSONEN:

1 Aal von etwa 2 kg	je 2 Stängel Petersilie, Dill,
1 Petersilienwurzel oder	Estragon, Salbei
Selleriestück	3 EL Weinessig
1 Möhre	200 ml Weißwein
1 Zwiebel	2 EL Butter
1 Lorbeerblatt	2 EL Mehl
1 Gewürznelke	$^1/_8$ l süße Sahne
6 zerdrückte, weiße Pfefferkörner	1 Eigelb
Salz, $^1/_2$ TL Zucker	je 1 Bund Dill und Petersilie

Den Aal vom Fischhändler ausnehmen, enthäuten und in 4–5 cm lange Stücke teilen lassen. Für den Sud das Gemüse waschen und schälen, in kleine Würfel teilen, mit gut $^1/_2$ l Wasser, den Gewürzen, Kräutern, Essig und Weißwein etwa 15 Minuten leicht kochen lassen. Dann die Aalstücke einlegen und bei kleiner Hitze eine gute Viertelstunde gar ziehen lassen. Die Aalstücke herausheben, den Sud durch ein Sieb gießen. Butter mit Mehl abbrennen, vom Herd ziehen und nach und nach die Brühe zugeben. Etwa eine Viertelstunde leicht kochen. Inzwischen die Sahne mit dem Eigelb verquirlen und die Kräuter waschen, abzupfen und hacken. Eimix unter die Soße quirlen, fast aufkochen lassen, dann die Kräuter zugeben und abschmecken. Die Aalstücke darin heiß werden lassen, aber keinesfalls kochen. Dazu gibt es natürlich – Kartoffeln!

4

Von Mücken und Menschen

Heile, heile Gänschen, es wird schon wieder gut. Das Kätzchen hat ein Schwänzchen, heile, heile, Mäusespeck, in hundert Jahr'n ist alles weg.» Nach wie vor gefiel es mir, auf Mamsells Schoß zu sitzen und von ihr getröstet zu werden, obwohl ich doch schon das schwierige Wort «Der Luchgrabenschaudirektor» auf der Tafel an der Kornhorstbrücke lesen konnte. Ich nahm den Daumen aus dem Mund und betrachtete mit wissenschaftlichem Interesse, wie mein mageres rechtes Knie anschwoll, denn der Schmerz war durchaus erträglich. An meiner Blessur war Mamsell nicht ganz schuldlos. Sie hatte mich in den Keller beordert, um neue Weckgläser zu holen. Begleitet von Möpschen, hatte ich mich gehorsam, wenn auch maulend, auf den Weg gemacht, war auf einer glitschigen Erdbeere ausgerutscht und die Treppe hinuntergefallen, nicht zum ersten Mal übrigens. Zwar hatte Möpschen mir tröstend das Gesicht geleckt, sich aber dann doch schnell verzogen in der nicht immer ganz unberechtigten Befürchtung, dass man ihm wieder die Schuld geben würde. Heulend war ich in die Küche gehumpelt, um Mamsell mit anklagender Stimme von meinem Missgeschick zu berichten. Dann kam Mutter, machte mir einen Umschlag mit essigsaurer Tonerde, und ich musste mich hinlegen, denn sie witterte bereits eine Gehirnerschütterung. «Ist dir auch wirklich nicht schwindlig oder übel?» Aber mein Kopf hielt eine Menge aus und gab keinerlei Signale von sich, dass er gelitten haben könnte. Trotzdem wurde mir ein nasser Lappen auf die Stirn und einer ins Genick gelegt, das Zimmer verdunkelt und mir aufgetragen, mich möglichst ruhig zu verhalten. Auch fiel für mich der morgige Ausflug in den Berliner Zoo ins Wasser, was niemanden allzu sehr erstaunte, denn es war eher die Regel als die Ausnahme, dass ich unmittelbar vor lange geplanten Amüsements irgendetwas «hatte». Ich fiel vom Heuboden, trank auf Kirschen Wasser, verstauchte den Knöchel oder bekam Grippe.

Da die Familie früh aufbrechen wollte, wurde meine Schwester, die mit mir das Zimmer teilte, ermahnt, leise zu sein und mich nicht zu wecken. Sie tat es, wenn auch ungern, und streckte mir nur die Zunge heraus, bevor sie aus dem Zimmer hüpfte. Meine Mutter, die kurz vor der Abfahrt noch einmal nach mir sah, war erleichtert, dass ich noch alle meine fünf Sinne beisammen hatte und das Knie abgeschwollen war. Sie verabschiedete sich mit einem liebevollen Kuss und ermahnte mich, vernünftig zu sein.

Kaum hatte ich die Haustür hinter der Familie zuklappen und den Wagen davonrollen gehört, sprang ich voller Tatendrang aus dem Bett und ging in die Küche, wo ein kräftiges Frühstück auf mich wartete. Sogar die Haut auf dem Kakao hatte Mamsell sorgsam entfernt. Ich langte ordentlich zu, und Mamsell, die der Meinung war, Mutter sei überängstlich mit uns, denn Unkraut vergehe nun mal nicht so schnell, meinte: «Der Appetit scheint ja nicht gelitten zu haben, und mit dem Laufen geht es auch recht flott.» Ich ahnte schon, worauf diese Feststellung hinauslaufen sollte, denn eines der Mädchen hatte Urlaub, und Mamsell war auf der Suche nach helfenden Händen. Ich legte deshalb das Messer aus der Hand und griff mit einer Leidensmiene nach meinem Kopf. «Ich glaube, ich geh jetzt wieder ein bisschen ins Bett.»

Aber Mamsell hörte gar nicht zu, sondern fragte, was ich lieber tun wolle, Kartoffeln abkeimen, Wäsche legen, Rhabarber aus dem Garten holen und schälen oder Messer putzen. Letzteres tat ich ganz gern, aber dieser herrliche Tag, an dem ich endlich mal wieder ganz allein zu Haus sein konnte, war mir viel zu schade dafür. Ich murmelte etwas von «die Liese auf die Koppel lassen», das habe mir Vater extra aufgetragen. Mamsells Hinweis, da sei sie doch schon längst, überhörte ich geflissentlich und verzog mich mit betontem Humpeln aus der Küche. Es schien heute entschieden ratsam, sich von dort fern zu halten. Wer weiß, auf was für Ideen Mamsell sonst noch kam. So beschloss ich, zu Frau Trägenapp zu gehen, in der Hoffnung, eine Flasche Malzbier von ihr spendiert zu bekommen. Die Chancen dafür standen immer gut, wenn man die Geduld aufbrachte, sich zum x-ten Mal die Geschichte ihrer Reise nach Königs Wusterhausen anzuhören.

Wie für fast alle im Dorf war auch für Frau Trägenapp lange Zeit Rathenow die einzige Stadt, die sie kannte. Aber dann machte sie sich eines Tages zu unser aller Erstaunen auf den Weg, um eine Kusine in Königs Wusterhausen zu besuchen, eine Expedition, die das ganze Dorf beschäftigte. Der Milchwagen nahm sie bis zur Kleinbahn mit, und alle bangten, ob wir sie je wieder sehen würden. Das taten wir schneller als gedacht. Vom Heimweh überwältigt, kam sie noch am selben Abend zurück, zu Fuß von Rathenow, denn die Kleinbahn fuhr nicht mehr. Doch auch die wenigen Stunden, die sie in Königs Wusterhausen verbracht hatte, boten nicht enden wollenden Gesprächsstoff. Sie hatte das Schloss Friedrich Wilhelms I. bestaunen können, wenn auch nur von außen, die Enten auf dem Nottekanal gefüttert, die hohen Masten des Rundfunksenders betrachtet und, Wunder aller Wunder, den Zeppelin gesehen!

«Gegen Königs Wusterhausen», schloss Frau Trägenapp wie stets ihren Bericht, «ist Rathenow, sagt Mamsell immer, die reinste Kuhpleeke.»

«Aber da ist doch die Konditorei Smolinsky und das Kaufhaus Konitzer», wandte ich pflichtgemäß ein.

«Oh, die», sagte Frau Trägenapp wegwerfend und spendierte mir nicht nur die verdiente Flasche Malzbier, sondern auch ein großes Stück Marmorkuchen.

Zufrieden vor mich hin rülpsend, trottete ich nach Haus. Ziel war die Veranda. Doch kaum hatte ich mich dort gemütlich niedergelassen, waren sofort die Mücken zur Stelle, die sich in diesem Jahr besonders hartnäckig zeigten. Vater behauptete immer, sie hätten ebenso wie unsere Familie alles überlebt, Pest und Cholera, die Askanier, den Dreißigjährigen Krieg und die Hohenzollern, und wären deshalb eigentlich auch viel passender für unser Wappen als der Steinbock. Sie habe es schon gegeben, als im Mittelalter ein Geschütz, die Faule Grete genannt, die Burg in Friesack beschoss. Wir hatten uns an diese Plage gewöhnt und nahmen ihre

Stiche stoisch hin, im Gegensatz zu manchem Gast. «Wie haltet ihr das nur aus?»

«Leben und leben lassen», sagte Vater dann immer und schnippte sich ungerührt gleich mehrere dieser Viecher vom Handrücken.

Aber heute teilte ich mehr die Ansicht der Gäste und beschloss, mich ins Kinderzimmer zu verziehen. Doch im Flur lief ich Mamsell in die Arme, die mich fragte, ob ich nicht Lust hätte, den Teig für die Sandtorte zu rühren. «Du darfst auch die Schüssel auslecken.» Damit hatte sie mich überredet. Aber nach einer halben Stunde erlahmten nicht nur meine Kräfte, sondern ich hatte so viel von dem Teig genascht, dass ich auf das Auslecken der Schüssel gut verzichten konnte. Mamsell ließ mich laufen.

Ich trollte mich, nicht ohne ein Stück des frisch gebackenen Prasselkuchens vom Blech mitzunehmen. Um mich so weit wie möglich aus der Gefahrenzone zu begeben, machte ich mich auf den Weg in den Wald, wo Agnes Heidepriem mit dem Durchhacken der jungen Kiefernpflanzen beschäftigt war. Doch kurz vor Trägenapps Haus entdeckte ich plötzlich am Himmel, was ich bisher nur von Bildern kannte: den Zeppelin. Auch Frau Trägenapp hatte ihn bemerkt, und wir rannten zu Mamsell, die aus dem Haus stürzte, um ihn sich anzukucken. Alles, was Beine hatte, versammelte sich auf der Dorfstraße und starrte in den Himmel, an dem das mächtige Luftschiff lautlos dahinzog, über Koppeln und Luch, bis es schließlich am Horizont verschwand. Inzwischen nutzte Möpschen die Gunst der Stunde und machte sich über den Prasselkuchen her, was ihm in jeder Hinsicht nicht sehr gut bekam. Mamsell holte den Teppichklopfer, und ihm wurde sichtlich sehr schlecht, denn er lag den Rest des Tages nur noch schwer atmend und vor sich hin jaulend unter dem Flieder.

Gegen Abend kam die Familie aus Berlin zurück. Meine liebenswürdige Schwester erzählte mir sogleich, was ich alles verpasst hatte: spuckende Lamas, kreischende Papageien, trompetende Elefanten, brüllende Tiger und Löwen und Hirsche und Rehe, die sie gefüttert hatten.

«Wie schön für dich», sagte ich mit falschem Lächeln, so, als ob ich es ihr von Herzen gönnte. Meine Reaktion machte sie stutzig.

«Was grinst du so blöd?»

«Zankt euch nicht», sagte Mutter automatisch und wollte wissen, ob es bei uns etwas gegeben habe.

«Wir», sagte ich mit vor Triumph fast überschnappender Stimme, «wir haben den Zeppelin gesehen.»

Meine Schwester tippte sich an die Stirn. «Das glaubst du ja wohl selbst nicht.»

Ich suchte Beistand bei Mamsell. Sie bestätigte es, und auch Frau Trägenapp nickte. «Aber», sagte sie, «als er über Königs Wusterhausen flog, hat mir Kapitän Eckener zugewinkt.»

«Ätsch!», sagte meine Schwester.

Kakao oder heisse Schokolade

Instantgetränke wie heute gab es natürlich nicht. Das Kakaopulver und die Schokolade waren reicher an Kakaomasse und deshalb herber, aber auch aromatischer. Einen ähnlichen Geschmack können Sie auch heute erzielen, wenn Sie dunkle Schokolade mit mindestens 70 % Kakaomasse oder reines Kakaopulver verwenden.

Heiße Schokolade

Die Luxusversion, die sich am Original der Azteken orientiert und so schon im letzten Jahrhundert in Deutschland gekocht wurde:

Zutaten für ½ l:

⅛ l Wasser	1 EL Zucker
2 Riegel (40 g) Herrenschokolade	⅜ l Milch

Das Wasser erwärmen und die Schokolade in Stückchen zugeben. Ist sie geschmolzen, den Zucker und die Milch zufügen und das Gebräu zum Kochen bringen. Kurz kochen lassen, dann auf Tassen verteilen und rühren, damit sich keine Haut bildet.

Heißer Kakao

Dieses Getränk ist fast schon ein Flip oder Punsch, von etwas cremiger Beschaffenheit. Sie können ihn auch als Dessert mit etwas Gebäck reichen.

Zᴜᴛᴀᴛᴇɴ ꜰüʀ ¾ ʟ:

4 TL Kakaopulver

2 TL Zucker

½ TL Mehl

¾ l Milch

1 Eigelb

1 Stückchen Vanilleschote

Kakaopulver mit Zucker, Mehl und ¼ l Milch glatt verrühren. ⅛ l Milch mit dem Eigelb schlagen. Die übrigen ⅜ l Milch mit der Vanilleschote einige Minuten kochen lassen, den Kakaomix unter kräftigem Schlagen zugeben und zum Kochen bringen, dabei kräftig quirlen. Dann die Eiermilch einfließen lassen und unter weiterem Schlagen bis zum Kochpunkt bringen. In einen Krug umfüllen und einschenken. Wer will, kann den Kakao wie Cappuccino noch mit einem Hauch Kakaopulver überstäuben.

SANDTORTE

ZUTATEN FÜR EINE 28-CM-SPRINGFORM:

500 g Butter

8 Eier

1 Vanillestange

500 g Zucker

250 g Kartoffelmehl (Gustin)

250 g feines Weizenmehl

Zwiebackbrösel

Saft von 1 Zitrone

3–4 TL Aprikosenkonfitüre

Die Butter in einem Topf erhitzen und klären, d. h. das schaumige Eiweiß abschöpfen. Dann erkalten lassen. Inzwischen alle anderen Zutaten ebenfalls Zimmerwärme annehmen lassen. Die Butter mindestens 10 Minuten (mit dem Rührgerät) sehr cremig rühren. Ein Ei trennen, das Eigelb unter ständigem Rühren zur Butter geben. Nach und nach die übrigen Eier ebenfalls trennen, Eigelb immer unter die Creme rühren, bis es sich verbunden hat. Eiweiß kalt stellen. Die Vanillestange aufschlitzen und das Mark in den Zucker kratzen (Stange zur weiteren Verwendung aufbewahren!). Unter Rühren den Zucker zugeben und sahnig schlagen. Dann im Wechsel beide Mehle und den Zitronensaft unterrühren.

Den Backofen auf 180 Grad vorheizen. Die Springform buttern und mit fein gesiebten Zwiebackbröseln ausstreuen. Die Eiweiß mit einem Tropfen Zitronensaft zu sehr festem Schnee schlagen, unter den Teig ziehen, in die Form füllen und auf der mittleren Schiene in den Backofen schieben.

Den Kuchen etwa 1 Stunde 20 Minuten backen. Nach ca. 30 Minuten mit Butterbrotpapier locker abdecken. Garprobe mit einem Holzspießchen machen: Bleibt in der Mitte eingestochen kein Teig hängen, ist der Kuchen «durch». Herausnehmen und eine Viertelstunde rasten lassen, dann den Ring lösen und ausdampfen lassen. Nach dem Erkalten auf eine

Platte schieben. Mit durch ein Sieb gestrichener Aprikosenkonfitüre glasieren.

Für eine 24-cm-Form reicht die halbe Menge – die Backzeit verkürzt sich dann um etwa 25 Minuten.

Marmorkuchen

Dr. Oetker hatte das Backpulver schon entdeckt, mit dem der Teig auch ohne viele Eier schön aufging. Der damals neue, hochmoderne Marmorkuchen ist ein Kompromiss zwischen alter Üppigkeit und neuer Sparsamkeit.

Zutaten für eine Kranzform von 2 l Inhalt:

175 g Butter	½ Pck. Backpulver
150 g Vanillezucker	150 g Sauerrahm
4 Eier	1–2 EL Kakaopulver
300 g Mehl	Puderzucker zum Bestäuben

Die Butter weiß-cremig rühren. Dann den Vanillezucker zugeben und weiterschlagen. Nach und nach unter ständigem Schlagen die Eier zufügen und die halb flüssige Masse 5 Minuten schlagen. Das Mehl mit Backpulver mischen. Im Wechsel Mehl und Sauerrahm unterziehen. Eine Kranzform (Einsatz mit Springformrand) fetten und mehlen. Den Backofen auf 200 Grad vorheizen. Die Hälfte des Teiges in die Form füllen. Die andere Hälfte mit dem Kakao verrühren und auf den hellen Teig gießen. Mit einer Gabel durch die Teige ziehen, um eine Marmorierung zu erreichen. Den Kuchen in den heißen Ofen schieben und etwa 1 Stunde backen. Kurz rasten lassen, den Rand lösen, den Kranz stürzen und mit Puderzucker bestäuben.

Prasselkuchen mit Rhabarber

Dieser Kuchen ist von schlichter Beschaffenheit und schmeckt am besten frisch. Statt Rhabarber kann man auch Apfelspalten, Zwetschgen, Stachelbeeren, Kirschen oder einfach Konfitüre nehmen.

Zutaten für 1 Kuchenblech:
500 g Weizenmehl Type 550
40 g Hefe
¼ l Buttermilch
2 EL Zucker
2 EL Schweineschmalz
1 TL Salz

Für den Belag:
1 kg Rhabarber
100 g heiße Butter
250 g Mehl
120 g Zucker
1 EL Zitronenzucker
½ TL Zimtpulver
feiner Zucker zum Bestreuen

Das Mehl in eine Schüssel sieben. Die Hefe in ⅛ l warmer Buttermilch auflösen, in die Mehlmitte gießen und etwas Mehl hineinrühren. 15 Minuten gehen lassen, dann die übrige Buttermilch mit dem Zucker erwärmen, das Schmalz darin zergehen lassen und diesen Mix mit dem Salz in die Schüssel zum Mehl mit Vorteig geben. Alles gut miteinander verkneten und etwa 1 Stunde gehen lassen. Inzwischen ein Backblech mit einer Speckschwarte einfetten.

Den Rhabarber waschen, schälen (ist nur bei herben, dickschaligen Sorten nötig) und in 2 cm lange Stücke schneiden. In die heiße, flüssige Butter das Mehl, Zucker, Zitronenzucker und Zimt geben, nur so mit einer Gabel mischen, dass eine krümelige Masse entsteht – auf keinen Fall zum Teig verkneten!

Den Hefeteig durchkneten, auf dem Blech ausrollen und den Rhabarber in den Teig drücken. Mit dem Streusel dick bestreuen und nochmals ½ Stunde gehen lassen. Dann bei 180 Grad auf der mittleren Schiene im Backofen etwa 40 Minuten goldgelb backen. Noch heiß mit Zucker bestreuen, weil der Rhabarber sehr herb ist.

Zitronenzucker

So, wie das Aroma der Vanillestange auf Zucker übergeht, aromatisiert auch Zitronenschale: Unbehandelte Zitrone heiß abwaschen, dann mit Würfelzucker so über die Schale reiben, dass sich der Zucker gelb färbt. Diesen in einem Schraubglas aufbewahren. Früher fiel dieses Abreiben leichter: Die Zitrone wurde an einem Zuckerhut gerieben.

JULI

5

Der Regenmacher

In diesem Jahr schien der Sommer geradewegs aus Afrika zu kommen. Bereits Anfang Juli war es unerträglich heiß. Die Luft flimmerte über dem Luch, im Sand verbrannte man sich fast die nackten Sohlen, und sogar die Hühner zogen vor, ihr Staubbad im Schatten zu nehmen. Rosen, Rittersporn, Phlox und Schwertlilien mahnten uns täglich mit hängenden Köpfen, das Gießen nicht zu vergessen. Und wie gewohnt sagte Vater jeden Abend: «Fangt schon mal an, ich komme gleich.» «Gleich» bedeutete bei Vater meist irgendwann, was Mutter rasend machte, besonders, wenn das Mittagessen auf dem Tisch stand. Gott sei Dank waren die jungen Meisen in der Pumpe inzwischen flügge geworden, und wir mussten das Wasser nicht mehr vom Hof herbeischleppen.

Vater klopfte alle Augenblicke gegen das Barometer, dessen Zeiger sich aber nicht von der Stelle rührte, und war voller Optimismus, sobald sich nur ein Wölkchen am Himmel zeigte. «Ich sage euch, über dem Witzker See zieht sich was zusammen.»

Das Gras begann sich schon gelb zu färben, und ein heftiger Ostwind sorgte dafür, dass sich der märkische Sand gut im Haus verteilte. So oft wie möglich flüchteten wir zum See, und sogar Mamsell nahm hin und wieder ein Bad, für sie ein eher zweifelhaftes Vergnügen, dank Möpschen, der sich, sobald sie zu schwimmen begann, in dem Wahn, seine gütige Ernährerin sei am Ertrinken, vor Aufregung japsend in die Fluten stürzte und versuchte, sie aus dem Wasser zu ziehen.

Noch herrschte Ruhe im Beritt, wie Vater sich ausdrückte. Noch hatten die Sommerferien nicht begonnen, noch tobten nicht Kinder jeden Alters durchs Haus, und Mutter brauchte nicht zu befürchten, dass es womöglich so unverzeihliche Kränkungen gab wie im letzten Jahr, als die lärmende Schar beim Indianerspiel Mamsell, die sie in die Beete zum Bohnenpflücken scheuchen wollte, mit den Worten begrüßte: «Was will das Bleichgesicht in unserem Kreis?» Noch wurde niemand von uns um- und ausquartiert, und Vater musste sich nicht um sein kostbares Beil sorgen, weil wieder irgendjemand es verschleppt hatte.

Der einzige Gast in dieser Zeit war Onkel Fips. Er eröffnete traditionsgemäß den Reigen der Sommerbesucher. Onkel Fips war ein anspruchsloser, zufriedener, in sich ruhender Mensch, der selbst Gerichte wie Brotsuppe oder Steckrüben superb nannte. Er war durch so gut wie nichts aus der Fassung zu bringen, weder durch Mücken oder Bremsen noch gar durch eine Hornisse, die sich in seinen Schuh verirrt hatte. Als mein Bruder ein Glas umwarf und der Rotwein auf die neue Leinenhose des Onkels tropfte, sagte er nur nachsichtig: «Musst nicht, mein Junge.» Und das war bereits das Äußerste an Ermahnung, was er sich gestattete.

Onkel Fips war seinem Schicksal ständig dankbar. «Ich danke meinem Schicksal, dass ich einen früheren Zug genommen habe.

Der danach hatte eine Stunde Verspätung, und ich hätte die Kleinbahn nicht mehr bekommen.» Er dankte seinem Schicksal, dass sein ziemlich betagter Hausarzt gerade im Urlaub war, als er starke Bauchschmerzen bekam und seine Vertretung ihn schleunigst ins Krankenhaus einwies, wo man ihm den entzündeten Blinddarm entfernte. «Der alte Trottel hätte doch bestimmt wieder nichts gefunden und mir wie immer nur Bullrichsalz verordnet.»

Er, der notorische Junggeselle, dankte dem Schicksal, dass es ihn zweimal daran gehindert hatte, sich in einen Ehemann zu verwandeln. Einmal war ihm ein anderer Verehrer zuvorgekommen, ein andermal hatte die Putzfrau vergessen, seinen Brief zur Post zu bringen, in dem er den Vater der Erwählten formvollendet um die Hand seiner Tochter bat. Zu seiner Erleichterung fand er den Brief auf dem Küchentisch, und die Putzfrau war höchst erstaunt, dass sie anstatt einer Strafpredigt einen Geldschein bekam. Doch am dankbarsten war er dem Schicksal für Murkel, ein zunächst von ihm ziemlich skeptisch betrachtetes Geschenk seiner Nachbarin, die den Welpen loswerden wollte. Aber Murkel, ein Hund undefinierbarer Rasse, entwickelte sich nach Onkel Fips' Aussage zu einem wahren Wunder an Intelligenz, Wachsamkeit und Instinkt. Er konnte die Zeitung holen, hatte bereits einen Einbrecher in die Flucht geschlagen, einen Brand in der Küche rechtzeitig bemerkt und ein verloren gegangenes Kleinkind wiedergefunden.

Onkel Fips sagte sich grundsätzlich schon ein halbes Jahr vorher an, in Sorge, ein anderer Gast könne ihm diesen Termin streitig machen. Der Onkel liebte nun mal die Ruhe, und allzu viele Menschen waren ihm ein Gräuel. Selbstverständlich wurde er von seinem Hund begleitet, von dem er sich nie trennte, was nicht allen Gastgebern gleichermaßen gefiel, denn auch der sonst eher unauffällige Murkel hatte so seine Tricks. Er öffnete mühelos jede Tür und hatte sich angewöhnt, nachts durchs Haus zu tigern und in den Schlafzimmern aufzutauchen, wobei er kleine seufzende Klagetöne von sich gab, für zarte Gemüter eine gruselige Erfahrung. Wir waren da nicht so empfindlich und zu sehr an Nachtgeräusche jeder Art gewöhnt, wobei Möpschens gewaltiges Schnarchen jedes Käuzchen, jeden Uhu, ja, sogar den wilden Schrei eines kämpferischen Hirsches in der Brunftzeit, also auch Murkels sanfte Seufzer, mühelos übertönte. Wir fanden Murkel pflegeleicht, und auch Möpschen hatte nichts gegen ihn einzuwenden, vorausgesetzt, er respektierte seinen Futternapf.

An einem dieser schwülen Sommertage, von denen Vater mal wieder optimistisch behauptete, der Regen liege förmlich in der Luft – wo er dann auch blieb –, reisten Herr und Hund an.

Verblüfft starrten wir auf Murkel.

«Himmel!», rief Vater. «Wie sieht der denn aus? Den kannst du ja als Hungerkünstler vermieten!»

Onkel Fips reagierte gekränkt. «Der Hund war sehr, sehr krank. Das habe ich euch doch geschrieben.»

«Hast du», entschuldigte sich Vater. «War mir ganz entfallen. Aber, ehrlich gesagt, auf eine Art indische Miniaturkuh war ich nun doch nicht gefasst.»

Mutter warf ihm einen warnenden Blick zu. «Wie lieb er schaut. Sicher hat er Hunger, der Arme. Los, Kinder, bringt ihm was zu fressen.»

Trotz der Hitze hatte sich Mamsell angestrengt und ließ uns gebratene Hähnchen mit Gurkensalat und als Nachtisch Stachelbeergrütze mit Vanillesoße servieren. Bei Tisch drehte sich das Gespräch ausschließlich ums Wetter, und Vater malte uns in düsteren Farben aus, was diese frühzeitige Dürre für den Wald nach sich ziehen werde.

Nachts schien es Vater so, als habe es geblitzt und als sei ein ferner Donner zu hören gewesen. Er stand auf und tappte im Dunkeln hoffnungsfroh auf die Veranda, um nach dem Wetter zu sehen. Dabei stolperte er über den herumgeisternden Murkel, der einen wehen Laut von sich gab und ihn aus seinen tief liegenden Augen vorwurfsvoll anstarrte. Vater flüchtete ins Bett zurück. Mutter wollte wissen, was passiert war. «Ich bin einem Skelett begegnet», sagte Vater, «und das tut man schließlich nicht jeden Tag.»

Zu unserer Erleichterung zeigte sich Murkel tagsüber eher phlegmatisch, verließ kaum die Veranda und schaute sich höchst selten auf dem Hof um, wobei er Hühner und Enten jedes Mal aufs Höchste erschreckte, und sogar Liese galoppierte bei seinem Anblick auf der Koppel in Panik davon. Doch das Ungewohnte wird bald alltäglich, und wir beachteten das wandelnde Knochengerüst kaum mehr. Bis Murkel sich an einem Sonntag merkwürdig schwankend auf der Veranda einfand, einen Augenblick stehen blieb, uns anstarrte, dann umfiel – es klang, als wenn man einen Korb Holz ausschüttete – und leblos liegen blieb. «Nu is er hin», sagte Vater, der, wenn ihm etwas an die Nieren ging, taktlos wurde. Mutter holte das Riechsalz herbei, ein damals bewährtes

Mittel für bleichsüchtige, leicht in Ohnmacht fallende junge Mädchen, und hielt es Murkel unter die Nase. Doch der gab keinen Mucks von sich. Onkel Fips hatte sich neben ihn gekniet und streichelte ihn. «Musst nicht, Junge», sagte er mit bebender Stimme. Aber Vater tröstete ihn: «Noch ist Polen nicht verloren. Sein Herz schlägt recht kräftig. Vielleicht ist es ja nur ein kleiner Schwächeanfall.»

Sie beschlossen, den Hund an den kühlsten Ort im Haus zu bringen, in den Keller. Vater trug ihn hinunter und legte ihn, vor sich hinmurmelnd: «Jetzt weiß ich, was ‹Blei in den Knochen› bedeutet», auf einen Kartoffelsack. Alle halbe Stunde wurde einer von uns in den Keller geschickt, um nach Murkel zu sehen. Aber sein Zustand blieb unverändert. Wir lenkten uns ein wenig ab, spielten «Mensch ärgere dich nicht» und gerieten uns traditionsgemäß in die Haare. Vater behauptete gerade, so wie an diesem Abend sei noch nie gemogelt worden, da hörten wir etwas wie ein merkwürdiges Niesen. Wir beugten uns über die Verandabrüstung und erblickten Murkel, der mit schief geneigtem Kopf pomadig zu uns hinaufsah. Er trottete zur Treppe, nahm die Stufen recht flott und ließ sich mit einem Gähnen zu Onkel Fips' Füßen fallen.

Lange rätselten wir, was dem Hund wohl passiert sein könnte. Eine Herzattacke? Ein kleiner Schlaganfall? Unterernährung? Mamsell fühlte sich in ihrer Ehre getroffen. Noch nie hatte es so etwas gegeben, dass ein Gast, und sei es auch nur ein Hund, unter ihrem Regime den Hungertod gestorben war. Sie tat alles, um dieses Knochengerüst wieder mit etwas Fleisch zu bedecken. Als Erstes forderte sie von meinem Bruder eine seiner Tauben, was er nicht abzulehnen wagte, weil Mamsell so manches wusste, wovon die Eltern keine Ahnung hatten. Sie kochte Murkel ein richtiges Krankensüppchen, zusätzlich noch angereichert mit Zwieback-klößen. Sie beschnitt Möpschens Buttermilchration, brockte in Murkels Portion Reste von Dampfnudeln und fütterte ihn mit Grießschnitten und Rindfleischklößchen. Um Murkels angegriffe-ne Nerven zu stärken, schmuggelte sie ihm einen Schuss mit Zucker versüßten Veilchenessig, den uns Tante Herta hinterlassen hatte, unter sein Fressen. Tatsächlich wurde Murkel zusehends munterer, und wer genau hinsah, konnte sogar ein kleines Bäuch-lein entdecken.

Unser Gast bedankte sich dafür auf seine Weise. Eines Nachts hörten wir aus dem Garten ein fürchterliches Bellen. Vater ging nach draußen, um nach dem Rechten zu sehen. Mitten auf dem Rasen stand Murkel und bellte und bellte. Vater konnte nicht entdecken, warum. Während er noch darüber nachdachte, begann sich der Himmel zu beziehen. Bald darauf fielen die ersten Tropfen eines sanften, gleichmäßigen, ruhigen Regens, der drei Tage an-hielt. Für Onkel Fips war es sonnenklar, wem wir dieses Wunder zu verdanken hatten. In Afrika schlugen sie die Trommeln und tanzten, um den Regengott gnädig zu stimmen, und Murkel hatte dasselbe durch sein Bellen erreicht. Vater ließ ihn in dem Glauben, obwohl er annahm, dass es eher Trägenapps Katze gegolten hatte, die sich gern in unserem Garten herumtrieb.

Nach Onkel Fips' Abreise entdeckte Mutter im Gastzimmer ein halb unter den Teppich geschobenes völlig zerkautes Tütchen, dessen Aufschrift nur noch mit Mühe zu entziffern war: Veronal.

«Von wem stammt denn das? Doch nicht etwa von Herta?», fragte Mutter erstaunt.

«Die Liebe und der –», begann Vater.

«Schon gut», sagte Mutter.

Brathähnchen mit Gurkensalat

Besorgen Sie junge Hähnchen am besten auf dem Wochenmarkt oder beim Biobauern: Sie sind kerniger und magerer als die Tiefkühlware. Weil man es aber damals gar nicht mager liebte, wird die Brust fürs Braten mit Speck gebunden! Lassen Sie sich für den Fond Hühnerklein geben: Hälse und Flügel.

Zutaten für 4–6 Personen:
250 g Hühnerklein
1 Bund Suppengrün
Salz, 1 Zweig Thymian
2 frische junge Hähnchen à 750 g
2 große Scheiben fetter Speck
   (ca. 40 g)

1 Bund Petersilie
1 Speckschwarte
60 g Butter
1–2 TL Kartoffelmehl
   (Stärke)

Das Hühnerklein mit dem gewaschenen, zerkleinerten Suppengrün, 1 TL Salz, Thymian und ³/₄ l Wasser etwa 1 Stunde kochen (im Schnellkochtopf nur 15 Min.). Den Fond abgießen und für das Brathähnchen benutzen. Die Hähnchen waschen, trockentupfen und innen und außen mit Salz einreiben. In jedes Hähnchen ¹/₂ Bund Petersilie und 1 nussgroßes Stück Butter geben. Die Speckscheiben jeweils auf die Brust legen, mit Küchengarn festbinden, auch die Beine in Form binden (dressieren), die Flügelspitzen an den Körper stecken. In einem Bräter die Hähnchen auf die Speckschwarte setzen und in den auf 175 Grad vorgeheizten Backofen schieben. Nach 45 Minuten auf 200 Grad erhöhen. Mit 1 Tasse kochender Brühe übergießen und etwa 30 Minuten braten.

Zwischendurch mit der übrigen Brühe begießen. Dann die Butter braun zerlassen und die Hähnchen alle 10 Minuten damit beträufeln.

Nach 50–60 Minuten sind die Hähnchen gar (die Keule muss sich leicht lösen): Garn und Speck entfernen und die Hähnchen auf einer Platte warm halten. Den Fond durch ein Sieb gießen und entfetten. Das Mehl mit 2 EL kaltem Wasser anrühren und in den Fond gießen, etwa 15 Minuten kochen und abschmecken, Hähnchen damit glasieren. Mit Kartoffeln zu Tisch geben.

Gurkensalat

ZUTATEN FÜR 4 PERSONEN:

1 große Salatgurke

2 EL kalt gepresstes Walnuss- oder
   Mohnöl

2 hart gekochte Eigelb
   (oder 100 g Schmand)

2–3 EL Weißweinessig

1 TL Mostrich

Salz, Pfeffer

1–2 EL gehackter Dill
   oder Estragon

Die Gurke waschen, schälen, Enden (die heute im Gegensatz zu früher fast nie bitter sind) knapp abschneiden und die Gurke in dünne Scheiben schneiden und mit dem Öl mischen. Die Eidotter durch ein feines Sieb streichen und mit den übrigen Zutaten cremig rühren, unter die Gurkenscheiben ziehen und sofort servieren.

STACHELBEERGRÜTZE MIT VANILLESAHNE

ZUTATEN FÜR 4–6 PERSONEN:

1 kg rote Stachelbeeren
1 Msp. Natron
1 Stück Zitronenschale
1 Stück Zimt
180 g Zucker

5 EL Wasser
2 EL Kartoffelmehl
⅛ l süße Sahne
2 EL Vanillezucker
125 g Crème double

Die Stachelbeeren waschen, Stielchen und Blütenansatz abknipsen. Einen großen Topf Wasser mit Natron zum Kochen bringen, die Beeren in 3 Portionen jeweils ins kochende Wasser geben, aufkochen und mit einem Schaumlöffel in Eiswasser abschrecken. Beeren dann in einen Topf mit Zimt und Zitronenschale einschichten.

Den Zucker mit dem Wasser langsam erhitzen und zu Sirup kochen – auf keinen Fall zu dunkel werden lassen. Beeren mit kochendem Sirup übergießen und 1½ Stunden kalt stellen. Den Saft absieben, mit der Stärke verrühren und 2 Minuten kochen. Etwas abkühlen lassen und mit den Beeren – ohne Zimt und Zitronenschale – in eine Schale füllen. Vor dem Essen süße Sahne steif schlagen, dabei erst den Zucker, dann Crème double zugeben. Die dicke Creme auf die Speise legen und servieren.

RINDFLEISCHKLÖSSCHEN

Eine wunderbare Resteverwertung – gerade auch für Fettränder, denn die machen die Klößchen saftig!

ZUTATEN FÜR 4 PERSONEN:

500 g gegartes Rindfleisch, davon etwa ¼ fettes Fleisch	1 TL gerebelter Thymian
1 Zwiebel	2 EL gehackte Petersilie
1 EL Butter	Salz, Pfeffer
1 Scheibe helles Brot	2 Eier
1 Tasse Bouillon	etwa 100 g Paniermehl
	Butter zum Braten

Das Fleisch entweder mit dem Wiegemesser sehr fein wiegen oder zweimal durch den Fleischwolf drehen. Die Zwiebel schälen und fein würfeln, in der Butter hellgelb dünsten. Das Brot mit der Brühe übergießen. Zwiebeln und Gewürze zum Fleisch geben. Das Brot gut ausdrücken, mit den Eiern unter den Fleischteig rühren, bis er sich vom Schüsselrand löst. Mit einem nassen Löffel Klößchen abstechen, in Paniermehl wälzen und andrücken. In der heißen Butter von beiden Seiten die Klößchen langsam knusprig braten. Köstlich zu Bratkartoffeln.

Zwiebackklösschen

Eine köstliche Einlage für eine Bouillon.

Zutaten für 4 Personen:
4–5 Zwiebäcke 1 Prise Salz
40 g Butter geriebene Muskatblüte (Mazis)
2 Eier

Die Zwiebäcke fein reiben. Die Butter cremig rühren, dann die Eier zufügen und weiterschlagen, bis die Masse eine Creme ist. Nach und nach die Brösel unterziehen, so dass eine weiche, aber formbare Masse entsteht, mit Salz und Mazis würzen. Mit einem nassen Teelöffel Klößchen abstechen, alle auf einmal in die kochende Suppe geben, einmal aufkochen und dann den Topf vom Herd nehmen. 5 Minuten bei geschlossenem Deckel gar ziehen lassen.

Tipp: Die Zwiebäcke am besten zwischen Folie legen und dann mit dem Fleischklopfer zerstoßen.

Griessschnitten mit Kirschsosse

ZUTATEN FÜR 4 PERSONEN:
750 ml Milch
300 g Grieß
30 g Zucker
1 Pck. Vanillezucker
1 Ei
Butterschmalz

Für die Soße:
1 Glas Schattenmorellen
1 EL Speisestärke
1 EL Zucker
1 Stück Zimt

Milch zum Kochen bringen, Grieß, Zucker und Vanillezucker zugeben. Den Grieß bei milder Hitze etwa 5 Minuten dick kochen. Das Ei trennen, Eigelb in den heißen Grieß rühren, das Eiweiß steif schlagen und den Schnee unter den Grieß heben. Eine eckige Form mit kaltem Wasser ausschwenken, den Grießbrei darin etwa 2 cm hoch glatt streichen und kalt werden lassen.

Etwas Kirschsaft mit Stärke und Zucker glatt rühren. Die Kirschen mit dem restlichen Saft pürieren, zusammen mit Zimt aufkochen lassen, angerührte Stärke einrühren und nochmals aufkochen. Das Zimtstück aus der Soße nehmen.

Grieß stürzen und in Scheiben schneiden, in einer beschichteten Pfanne in heißem Butterschmalz von beiden Seiten goldbraun braten, mit etwas Kirschsoße servieren.

DAMPFNUDELN

ZUTATEN FÜR 4 PERSONEN:

350 g Mehl

1/8 l Milch

1 Pck. Trockenhefe oder 20 g Hefe

50 g geschmolzene Butter

50 g Zucker

1 Pck. Vanillezucker

1 Ei

1 Prise Salz

Zum Garen:

50 g Butter

1/4 l Milch

20 g Zucker

1 Prise Salz

Mohnfüllung:

70 ml Milch

10 g Butter

75 g gemahlener Mohn

50 g Zucker

1 EL Zitronensaft

1/2 Pck. Vanillezucker

50 g Rosinen

1 Ei

1 Schuss Rum

Für die Dampfnudeln die Hefe mit einem Teelöffel vom Zucker in der lauwarmen Milch auflösen. Mehl in eine Schüssel geben, in die Mitte eine Mulde machen, die Hefemilch hineingießen, etwas Mehl vom Rand her einrühren. Das Ei und die Butter an den Rand geben, nicht verrühren. Alles eine Viertelstunde im Warmen (im Elektrobackofen bei 50 Grad) gehen lassen. Dann den übrigen Zucker, Vanillezucker und das Salz zufügen und alles zu einem elastischen Teig verkneten – evtl. etwas Milch zugeben und den Teig an einem warmen Ort nochmals etwa 30 Minuten gehen lassen, bis er sich verdoppelt hat.

Für die Mohnfüllung Milch mit Butter erhitzen. Mohn und Zitronensaft mit Zucker zugeben und aufkochen. Einige Minuten kochen lassen, vom Feuer nehmen, Rosinen unterrühren und die Masse leicht abkühlen lassen. Jetzt das Ei und den Rum unterrühren.

Von dem Hefeteig kloßgroße Stücke abstechen und mit je 1 EL Mohnmasse füllen. Auf einer bemehlten Oberfläche erneut gehen lassen. In einem gut schließenden großen flachen Topf Butter schmelzen. Milch, Zucker und die Prise Salz zugeben und die Nudeln in die lauwarme Flüssigkeit setzen. Dicht schließen und bei mittlerer Hitze zum Kochen bringen. Zunächst bei mäßiger, dann schwacher Hitze 30 Minuten köcheln lassen, bis alle Milch aufgesogen ist. Jetzt noch etwa 5 Minuten ohne Hitze auf dem heißen Herd stehen lassen, bis sich eine schöne Kruste gebildet hat.

Mit Vanille-, Weinschaum- oder Fruchtsoße servieren.

6

Lange Fädchen, faule Mädchen

Mutter besaß eine Begabung, uns Dinge, die ihr für unsere Entwicklung wichtig erschienen, schmackhaft zu machen. So hatte sie es zum Beispiel einmal auf die unser Verantwortungsgefühl fördernde Pflege eines eigenen Stückchens Erde abgesehen und schilderte uns in glühenden Farben, wie sehr sie sich als Kind einen eigenen kleinen Garten gewünscht habe, mit wunderschönen Blumen und, da ihr unsere Gier nach Süßem nicht unbekannt war, voller riesiger süßer Erdbeeren und Himbeeren. Aber niemals sei ihre flehentliche Bitte erhört worden.

Wir waren gleich Feuer und Flamme und wollten unbedingt jeder ein Beet für sich haben, verschwendeten aber natürlich keinen Gedanken daran, wie viel Arbeit das bedeutete. Sofort begaben wir uns zu Vater und lagen ihm mit unserem Wunsch in den Ohren. Er zeigte sich ebenso überrascht wie skeptisch und erinnerte uns an unser ständiges Lamento, wenn es ums Gießen ging. Aber gut, warum nicht. Darüber lasse sich durchaus reden.

Mit großem Eifer machten wir uns ans Werk und steckten erst einmal ein Stück Garten ab. Mutter konnte nicht umhin, Vater einen triumphierenden Blick zuzuwerfen. Der sah sie nachdenklich an. «Einen eigenen Garten? Das ist ja das Allerneueste! Du hast doch noch nie Interesse für Gartenarbeit gezeigt.»

«Ich hasse sie.» Summend ging Mutter ins Haus zurück.

Unsere Begeisterung bekam bereits den ersten Dämpfer, als Vater, der viel von muskelstärkender Tätigkeit hielt, uns aufforderte, die Beete umzugraben, und wir im Kampf mit den kräftigen märkischen Quecken, die sich wie überdimensionale Regenwürmer durch das Erdreich schlängelten und bereits beim ersten Spatenstich zum Vorschein kamen, bald Blasen an den Handflächen davontrugen. Dann mussten die Beete mit Mist versorgt werden, was sich als ebenso mühsam erwies. Mehr Spaß machte uns dagegen das Säen und Pflanzen, wenn wir auch des Guten zu viel taten, so dass sich alles beim Sprießen gegenseitig in die Quere kam. Noch zeigten wir viel Schwung. Entzückt über die praktische Bereicherung des Biologieunterrichts, ließ Lehrer Scheel meine Geschwister einen Aufsatz über das Thema «Ich lege ein Beet an» schreiben und erhielt zwei sachkundige, gelungene Arbeiten, war allerdings von den vielen orthographischen Fehlern leicht erschüttert.

Wie Vater vorausgesehen hatte, verloren wir danach schnell die Lust und waren immer weniger bereit, Unkraut zu zupfen und Pflanzen durchzuhacken und zu gießen, so dass die Beete bald versteppten und sich Agnes Heidepriem ihrer annehmen musste, um sie wieder in vernünftiges Gartenland zu verwandeln.

Als Nächstes versuchte Mutter, die geschickt mit der Nadel umgehen konnte, meine Schwester und mich dazu zu bringen, unsere Puppenkleider selbst zu nähen. Um uns den Mund wässrig zu machen, erzählte sie uns, wie sie mit einem für ihre Käthe-Kruse-Puppe selbst geschneiderten Abendkleid den ersten Preis in einem Wettbewerb gewonnen und dafür eine Puppentruhe voller Konfekt bekommen hatte. Sie machte so viel Grün um die an sich belanglose Geschichte, dass wir es gar nicht abwarten konnten, es ihr gleichzutun. Sogar mein Bruder versuchte sich, sehr zum Entsetzen meines Vaters, an einem Nachthemd für seinen Teddy, obwohl er ihn nur noch hin und wieder mit ins Bett nahm, um ihn genüsslich zu dergeln. Vater, der noch sehr altmodische Vorstellungen davon hatte, womit Jungen spielen sollten und womit nicht, brachte ihm daraufhin zu unser aller Verblüffung aus Berlin einen Stabil-Baukasten mit, ein Geschenk, das eher auf den Weihnachtstisch gehörte.

Leider muss gesagt werden, dass unsere Begeisterung fürs Schneiderhandwerk sehr schnell erlahmte. Der Spruch «Lange Fädchen, faule Mädchen» schien wie eigens für uns erdacht, und so verhedderten wir uns beim Umsäumen in Schlingen oder produzierten Knoten. Auch gingen die von Mutter spendierten hübschen Fingerhüte und das aparte Nadelkissen sehr schnell verloren, und die Stickschere war unauffindbar. Mutter nahm betrübt unser wachsendes Desinteresse zur Kenntnis, blieb aber, wie alle Mütter, unbelehrbar und deshalb fest davon überzeugt, dass versteckte Talente in uns schlummerten, die es zum Nutzen unserer Entwicklung zu wecken galt.

Sie konzentrierte sich erst einmal auf meine Schwester, deren zeichnerische Begabung sie phänomenal nannte, nachdem sie von ihr zum Geburtstag mit einer Zeichnung überrascht worden war, die, wie sie fand, es durchaus mit Dürers Hasen aufnehmen konnte, der selbstverständlich auch in unserem Kinderzimmer hing. Das von meiner Schwester aufs Papier gebrachte Konterfei dieses Tieres war zwar nur von hinten zu sehen, weil wir von Vater gelernt hatten, dass Katzen und Hasen sich so am leichtesten zeichnen ließen, und besaß abnorm lange Ohren, aber Mutter meinte, es komme weniger auf Ähnlichkeit an als auf das, was ein Bild ausdrücke. Und in diesem Fall sei das eine außerordentliche Melancholie. Vater sagte, melancholisch wäre er an Stelle des Hasen auch, wenn man ihn auf diese Weise zeichnete, räumte dann aber ein, dass das ganze Drum und Dran, die hohen Tannen, sich bauschende Wolken und ein kleines Häuschen, wirklich ganz passabel anzusehen sei. Mutter redete so lange auf meine Schwester ein, bis sie sich tatsächlich als eine Nachfahrin des berühmten Malers fühlte und, anstatt mit uns zum Baden zu gehen, den ganzen Tag vor sich hin kritzelte und pinselte. Erst einige hämische Bemerkungen meines Bruders über ihre Kunstwerke brachten sie wieder auf die Erde zurück. Es gab eine wüste Prügelei, wonach die beiden einträchtig mit ihren Angeln abzogen und Buntstifte, Tuschkasten und Pinsel im Schrank verschwanden.

In diesem Sommer schürfte Mutter nicht nach verborgenen Talenten bei uns. Diesmal hatte sie es auf Mamsells Weiterentwicklung abgesehen und bot alles auf, um sie endlich davon zu überzeugen, dass Konservendosen fortschrittlich und für Gemüse genauso geeignet seien wie Weckgläser. Doch Mamsell ließ sich von ihr nicht so schnell gewinnen wie wir. Grundsätzlich lehnte sie erst einmal alles ab, was sie nicht kannte und deshalb nicht wollte.

Sie allein entschied in ihrem Bereich, was nützlich und was unnütz war, da konnte Mutter ihre Argumente noch so überzeugend vorbringen. Was nicht hieß, dass sie ihre Meinung nicht irgendwann änderte, wie bei dem Messerputzer der Weltmarke Kobold, dem Waffeleisen und Liebigs Fleischextrakt, alles inzwischen unentbehrlich für sie. Mutter tat natürlich dann stets, als wären diese Neuerungen allein Mamsells Idee gewesen. Nur Mutters Vorschlag, unsere ziemlich mickrigen, aber süßen blauen Weintrauben, die am Schweinestall wuchsen, zu trocknen und als Korinthen zu verwenden, lehnte sie weiterhin strikt ab, genau wie die Konservendosen.

Doch dieses Thema wurde wieder brandaktuell, als wir uns alle auf der Veranda zum Erbsenauspalen eingefunden hatten, einschließlich einer wenig beliebten Tante, die gar nicht genug den Kopf darüber schütteln konnte, dass Mamsell grundsätzlich nur Weckgläser verwendete. «Habt ihr denn noch nie etwas von diesen wundervollen Dosen gehört?» Sie tat, als lebten wir noch hinter dem Mond, und das konnte Mutter nun nicht auf sich sitzen lassen. Sie begab sich stante pede in die Küche, obwohl es kurz vor dem Mittagessen war und Mamsell zusätzlich alle Hände voll mit Einwecken zu tun hatte, also in einem an sich äußerst unglücklichen Moment. Mamsell hatte gerade Möpschen aus der Küche gejagt, weil er die Kröte, die er gern ein wenig neckte, mal wieder besabberte, einem Ferienkind, das ausgerechnet über einer Stachelbeerkaltschale seine Pusteblumen ausprobierte, eins auf die Finger gegeben und den Schaden beseitigt, der durch ein gerissenes Seihtuch entstanden war, so dass der Johannisbeersaft nicht in eine

Schüssel tropfte, sondern auf den Küchenboden. In Dampf ge-
hüllt, stand sie vor dem Herd und war schwer atmend dabei, den
Wecktopf herunterzuheben, als Mutter von den Konservendosen
anfing. Mamsell war viel zu erschöpft, um sich wie üblich zu
wehren. Sie hörte nur halb hin, sagte resigniert: «Meinetwegen.
Von mir aus, Frau Gräfin, wenn Sie es durchaus wollen», und
wandte sich den Kartoffeln zu.

Ziemlich verblüfft über diesen schnellen Sieg, verließ Mutter die
Küche, wartete aber vorsichtshalber noch ein paar Tage, ehe sie die
bereits vor langem gekauften Dosen einweihen ließ. Jetzt, wo
Mutter sich durchgesetzt hatte, war es ausgerechnet jene Tante, die
uns einen ganzen Abend lang anschaulich schilderte, was alles
passieren konnte: Das Blech rostete leicht, das Gemüse schim-
melte, oder es bildeten sich andere Gifte – bis Vater aufstand und
meinte, bei solchen interessanten Gesprächen wolle er die Damen
nicht stören. Er für seine Person gehe jetzt zu Bett.

Nachdem sich eine stattliche Anzahl von Gemüsedosen im Kel-
ler gesammelt hatte, geriet das Dosenthema in Vergessenheit, und
Mamsell konzentrierte sich ganz auf die Herstellung von Gelee,
Marmelade, Saft und Kompott.

Doch dann weckte uns eines Nachts ein dumpfes «Wumm».

«Feuer einstellen!», rief Vater schlaftrunken und tastete nach den
Streichhölzern.

Er ging nach unten, und bereits auf der Treppe konnte er das
zweite «Wumm» orten, dem schnell ein drittes und viertes folgten.
Offensichtlich kamen die Explosionen aus dem Keller. Dort an-
gelangt, rutschte er beinahe auf Bergen von Erbsen und Bohnen

aus. Als Mutter das hörte, stöhnte sie: «O Gott! Die Dosen sind explodiert!»

Und Vater sagte: «Da wird sich Mamsell aber freuen.»

Das tat sie. Ihre Stimmung war lange nicht mehr so gut gewesen. Großmütig verlor sie kein Wort über die Schweinerei im Keller, sondern verwöhnte uns zum Mittagessen mit einem völlig neuen Gericht: Schinken in Madeirasoße und als Nachtisch Tuttifrutti. Wir ließen es uns so richtig schmecken, und Vater nahm sogar noch zum dritten Mal eine ordentliche Portion. Dabei sah er Mutter an und sagte: «Vielleicht solltest du es noch mal mit diesen Konservendosen versuchen. Das Resultat ist doch sehr zufrieden stellend.»

Rahmwaffeln

Mit kleinen Mengen gab man sich gar nicht erst ab! An Stelle der Herdplatte wurde das Eisen über dem Feuer heiß gemacht, und das Backen erforderte viel Fingerspitzengefühl, damit die Waffeln nicht verbrannten. Eingefettet wurde das Eisen mit Speckschwarte oder einem Stückchen Butter, das in ein Läppchen gebunden wurde.

Zutaten für etwa 16 Waffeln:

6 Eier, getrennt	1 Gläschen Rum
³/₈ l Schmand	Speckschwarte oder Butter
250 g Mehl Type 550	fürs Waffeleisen
etwas geriebene Muskatblüte	Zimtzucker zum Bestreuen
1 Prise Salz	

Die Eidotter cremig schlagen, nach und nach im Wechsel Schmand und Mehl, zum Schluss die Gewürze und den Rum unterrühren. Dann die Eiweiß zu festem Schnee schlagen und unterziehen. Aus diesem Teig nach und nach goldgelbe Waffeln backen, noch heiß mit Zimtzucker bestreuen.

Johannisbeerkaltschale mit Schneeklösschen

Gleich ob Stachel- oder Johannisbeeren: Die Kaltschale musste glatt sein, war aber weniger süß als Kompott oder Grütze.

ZUTATEN FÜR 4 PERSONEN:

1 kg abgestreifte Johannisbeeren
  (am besten rote und schwarze
  gemischt)
80 g Zucker
1 Stückchen Zimt
1 TL Speisestärke

Für die Klößchen:
2 sehr frische Eiweiß
1 TL Zucker
einige Tropfen Zitronensaft

Die Johannisbeeren mit ¼ l Wasser, Zucker und Zimt zum Kochen bringen. Etwa 5 Minuten kochen lassen, bis die Beeren platzen und Saft ziehen. Dann die Suppe durch ein Sieb streichen und mit Wasser auf knapp 1 l auffüllen. Die Stärke mit etwas kaltem Wasser anrühren, Suppe zum Kochen bringen und dabei die Stärke einrühren. Nach 3–4 Minuten Kochzeit vom Herd ziehen und kalt stellen, in eine weite Schale füllen.

Für die Klößchen in einem weiten Topf Wasser zum Kochen bringen. Die Eiweiß steif schlagen, dabei den Zucker und den Zitronensaft zugeben. Mit einem nassen Teelöffel Klößchen abstechen und auf dem leicht kochenden Wasser etwa 2 Minuten ziehen lassen, vorsichtig wenden. Sind die Klößchen fest, behutsam mit einem Schaumlöffel herausheben und auf die Kaltschale setzen. Bis zum Essen kalt stellen.

Schinken in Madeira

Ein ganzer Schinken wiegt etwa 3–4 kg – eine für unsere Haushaltsgröße kaum vorstellbare Menge, für die wir gar kein Kochgeschirr haben. Bestellen Sie deshalb beim Schlachter einen nur leicht geräucherten Schinkenbraten von etwa 2 kg. Der muss auch nicht mehr gewässert werden, wie früher bei geräuchertem Fleisch unbedingt nötig. Dagegen tut ihm die Marinade sehr gut. Im Originalrezept wird der Schinken mit Marinade in eine Schweinsblase gefüllt, in eine Serviette geschlagen und dann in Wasser pochiert.

Zutaten für 10 Personen:

2 kg angeräucherter Schinken	2 Zweige Thymian
1 Bund Suppengrün	0,2 l Madeira
2 Zwiebeln	40 g Butter
1 Stück Zimtstange	2 EL Mehl
2 Nelken	½ l kräftige Brühe
4 Pimentkörner	2–3 EL Johannisbeergelee
Pfefferkörner	

Den Schinken waschen und in einen möglichst engen Topf geben. Suppengrün waschen, klein schneiden und mit den samt Schale grob zerschnittenen Zwiebeln und den Gewürzen um den Schinken verteilen, mit Madeira angießen, so dass der Schinken bedeckt ist. Über Nacht stehen lassen. Am nächsten Tag zum Kochen bringen und bei kleiner Hitze etwa 2 Stunden ziehen lassen.

Inzwischen eine braune Grundsoße zubereiten: Das Mehl in der Butter anschwitzen, bis es braun wird. Dann vom Herd ziehen und die Brühe unter Rühren zugießen, wieder zum Kochen bringen und die Soße

etwa 15 Minuten kochen lassen. Den Backofen auf 180 Grad vorheizen.

Den Schinken aus der Marinade heben, mit der Fettschicht nach oben
in einen Bräter setzen. Die Marinade durchsieben und eine Tasse über
den Schinken gießen, im Ofen braten, dabei immer wieder mit Marinade
übergießen. Nach ½ Stunde die braune Soße und das Gelee zugeben, immer wieder den Braten mit dem Fond begießen. Nach 1 Stunde
den Braten herausnehmen, die Soße abschmecken und zum Schinken
reichen.

Tipp: Sie können in der letzten Viertelstunde 2 Hand voll klein geschnittene Champignons zur Soße geben.

Tuttifrutti

Hier eine luxuriöse Version, bei der die kalte Speise vor dem Servieren kurz überglüht wird.

ZUTATEN FÜR 6–8 PERSONEN:

1 kg Sauerkirschen	1 Bittermandel oder
1 Glas Roséwein	1 Tropfen Bittermandelaroma
1 Stück Zitronenschale	50 g Speisestärke
150 g Zucker	6 sehr frische Eier
½ l Milch	1 TL Zitronensaft
1 Stückchen Vanillestange	Zucker zum Bestreuen

Die Kirschen waschen und entsteinen, mit Roséwein, Zitronenschale und 80 g Zucker zum Kochen bringen. Nach 5 Minuten den Saft in eine Pfanne abgießen und mit 1–2 EL Zucker dicklich einkochen, mit den Kirschen zusammen in eine feuerfeste Glasschale füllen und kalt stellen.

Den übrigen Zucker mit Milch, Vanillestange und Bittermandel zum Kochen bringen. Die Stärke in 5–6 EL Wasser anrühren, unter Rühren in die kochende Milch geben, 2 Minuten kochen lassen. Die Eier trennen. Eigelb mit 1 EL kalter Milch verquirlen, löffelweise die Hälfte der heißen Milch zufügen. Diesen Mix unter die übrige heiße Milch schlagen und unter weiterem Schlagen einmal aufpuffen lassen, dann im kalten Wasserbad weiterschlagen. Über die Kirschen verteilen und sehr kalt stellen. Vor dem Servieren die Eiweiß mit etwas Zitronensaft sehr steif schlagen, auf der Creme verteilen und dick mit Zucker bestreuen, dicht unter den glühenden Backofengrill schieben und etwa 1 Minute bräunen lassen.

7

Wünschen kann man sich alles

Merkwürdigerweise häuften sich im Juli die Geburtstage, nicht nur bei uns, sondern auch in der weiteren Verwandtschaft. Anscheinend hatte man auf den üblicherweise im Oktober stattfindenden Familientagen nachdenklich in die Runde geschaut und dabei festgestellt, dass nicht genug Nachwuchs vorhanden war, um die seit 600 Jahren bestehende Familie am Leben zu erhalten. Das Resultat dieser Überlegungen war eine Menge munterer Krebse.

So wurden wir denn im Juli zu Kindergeburtstagen durch die Gegend gekarrt. Natürlich ging es bei diesen Festlichkeiten sehr viel bescheidener zu als heute. Niemand wäre auf die Idee gekommen, sich vorher den Kopf zu zerbrechen, womit man uns amüsieren könnte. Auch die Kaffeetafel zeichnete sich nicht gerade durch Üppigkeit aus. Die übliche Torte, um deren Mittelstück es jedes Mal ein Geheule gab, weil es dem Geburtstagskind zustand, es ihm aber jemand anders weggeschnappt hatte, war von der einfachsten Sorte und nur durch etwas Zuckerguss und Schokoladenstreusel herausgeputzt. Es gab den mit Puderzucker bestreuten obligaten Marmorkuchen und manchmal schon etwas muffig schmeckenden, mit einer Glasur überzogenen Zwieback.

In unserer Standarduniform Matrosenkleidung kamen wir angerückt, drückten dem Geburtstagskind eine Rolle saure Drops in die Hand und bestaunten den wirklich sehr überschaubaren Gabentisch, den ein Kreisel, eine Mundharmonika, ein Jojo, Knetgummi und eine Trillerpfeife zierten. Im Laufe der Jahre kamen auch Bücher dazu, «Pu, der Bär» oder «Der letzte Mohikaner». Zwar war der Wunsch der Jungen ein Luftgewehr Marke Flaubert und der der Mädchen ein Puppenwagen. Aber wenn überhaupt, war für solche Kostbarkeiten der Weihnachtsmann zuständig.

Mit unserer Wohlerzogenheit, an die wir uns später so gerührt erinnerten, war nicht immer Staat zu machen. Mein Bruder und ein Vetter bekamen sich wegen einer Kleinigkeit derartig in die Haare, dass jeder von ihnen einen der im Flur des Schlosses aufgehängten Säbel, mit denen bereits ihre Vorfahren auf ihre Todfeinde losgegangen waren, herunterriss und damit auf den anderen eindrosch. Der mit einem Silbertablett voller Sherrygläser vorbeischreitende Diener griff keineswegs ein, sondern meldete den ahnungslosen Eltern mit gewohnter Würde: «Die jungen Herrschaften duellieren sich.» Ein feuriges, mit einem gewaltigen Haarschopf gesegnetes Mädchen schlug mit dem früheren Koppel ihres Vaters, auf dessen Schloss «Gott mit uns» stand, so wütend um sich, dass es «mit Gott» ein Kind fast das Auge gekostet hätte, und das nur, weil niemand widerstehen konnte, herzhaft in ihre Mähne zu greifen und sie ordentlich zu ziepen. Ein Junge namens Franz, der bis dahin nie besonders hervorgetreten war, kam plötzlich auf die Idee, sich das Waldhorn des Gastgebers zu schnappen. Er rannte damit auf den Dachboden, kletterte aus dem Fenster und versuchte, ziemlich kippelig auf einem Sims stehend, dem Instrument so etwas wie eine Melodie zu entlocken, während unten die aufgeregte Familie wild gestikulierend hin und her lief. Auf der Rückfahrt war diese Ruhmestat natürlich *der* Gesprächsstoff. Nur Vater meinte, so müsse das letzte Röcheln der Dinosaurier vor ihrem Aussterben geklungen haben.

Damals war der Geburtstag der einzige Tag, an dem man einem Kind gestattete, Mittelpunkt zu sein. Nur mich hatte das Schicksal mal wieder benachteiligt, denn ich hatte einen Tag nach Vater Geburtstag, und am Tag davor kam erst Mamsell dran, deren Geburtstag selbstverständlich der wichtigste im Haus war. Es gehörte zum jährlich wiederkehrenden Ritual dieses hohen Festes, dass Mamsell vorher mehrfach betonte, wie sehr ihr dieses ganze Tamtam um so einen Tag zuwider sei. Ja, sie drohte sogar, wegzufahren, falls wir uns nicht daran hielten. «Vielleicht ja sogar nach Königs Wusterhausen», murmelte Vater.

Doch je nachdrücklicher sie auf die Unwichtigkeit dieses Tages hinwies, umso mehr strengten wir uns an, denn sie wäre tödlich beleidigt gewesen, wenn wir diesem Hinweis gefolgt wären.

Diesmal läuteten wir ihren Ehrentag mit einem Morgenständchen vor ihrem Schlafzimmer ein. Ziemlich verschlafen krächzten wir Kinder und die Mädchen «Geh aus, mein Herz, und suche Freud». Dann öffneten wir leise die Tür und schoben das frisch gewaschene Möpschen hinein, das einen blumengeschmückten Korb mit unseren kleinen Geschenken apportierte. Mit einem Frisiermantel bekleidet auf dem Bett sitzend, nahm Mamsell unsere Gaben gnädig entgegen und packte sie vor unseren erwartungsvollen Augen mit vielen Ahs und Ohs aus. Hatte die Welt jemals einen so hübschen Tintenwischer oder eine so schön beklebte Streichholzschachtel gesehen?

Im Gegensatz zu unseren Gabentischen war der ihre reichlich bestückt, und in der Mitte prangte eine der teuersten Torten der Konditorei Smolinsky, deren Zuckerguss eine große rote Marzipanrose zierte. Mamsells gerührtem, wenn auch kritischem Blick hielt Vater natürlich sofort entgegen, dass diese Torte den von ihr gebackenen nicht das Wasser reichen könne. Nach dem Mittagessen fuhren wir Mamsell spazieren und kehrten wie üblich in der «Perle des Westhavellandes» ein, wo wir uns an einer Weißen mit Schuss stärkten. Aber dann drängte Mamsell zum Aufbruch, denn das Diner, das am nächsten Abend zu Vaters Geburtstag stattfinden sollte, benötigte einige Vorbereitung. Und die Mädchen seien sicher wieder baden gegangen, anstatt das Silber zu putzen.

Natürlich wurde auch für Vater der rote Teppich ausgerollt. Ihn in aller Frühe mit einem Lied zu begrüßen, hatte er sich allerdings energisch verbeten. Doch selbstverständlich wurde sein Stuhl im Esszimmer bunt bekränzt, und um Frühstücksteller und Kaffeetasse rankten sich Rosen. Mamsell ehrte ihn mit einer Schichttorte, die sie nur selten buk, weil sie so viel Arbeit machte.

Am Abend lief alles hektisch durcheinander, um das Haus für die Gäste festlich vorzubereiten. Von der allgemeinen Nervosität angesteckt, rannte Möpschen von einem Zimmer ins nächste, bis er plötzlich von der Bildfläche verschwunden war. «Wo steckt der Köter denn nun wieder?», rief Vater. Und Mutter sagte besorgt: «Er muss unbedingt eingesperrt werden! Seine feuchte Begrüßung ist nicht jedermanns Sache.»

Die Gäste kamen pünktlich, das Diner begann, die Kerzen im Kronleuchter kleckerten vor sich hin, und eines der Mädchen verhedderte sich beim Servieren im Fliegenfänger. Der Rehrücken wurde sehr gelobt und eine Rede auf das Geburtstagskind gehalten, die allerdings durch eine erdbebenartige Erschütterung ein jähes Ende fand. Alle blickten verdutzt, bis man die Ursache entdeckte. Möpschen hatte es sich, vom tief hängenden Tischtuch verborgen, unter dem Esstisch gemütlich gemacht und begonnen, sich ausgiebig zu kratzen. Nachdem er unter allgemeinem Gelächter verlegen davongeschlichen war, wandte man sich dem Nachtisch zu, Weingelee mit Vanillesoße.

Mutter hob die Tafel auf, und die Gäste verteilten sich auf der Veranda und in den Zimmern, während wir Kinder und die Mädchen Mokka, Zigarren, Cognac und Likör herumreichten. Dabei konnte ich nicht umhin, jeden Gast darauf aufmerksam zu machen, dass morgen mein Geburtstag sei, eine Mitteilung, die auf nicht allzu großes Interesse stieß. «Da freust du dich sicher, Kind», war die einzige Reaktion. Nur ein Onkel strich mir übers Haar und fragte, was ich mir denn wünsche. Doch meine Antwort rief ein Stirnrunzeln hervor. «Einen Puppenwagen? In der heutigen Zeit! Ganz schön anspruchsvoll das Kind.» Mutter nahm mich in Schutz. «Wünschen kann man sich alles», sagte sie lächelnd. Und dann schickte sie mich ins Bett.

Ich erwachte früher als sonst, bezwang mich aber und blieb im Bett, denn meine Schwester schlief noch fest, und nichts war

unpassender für ein Geburtstagskind, als zu früh aufzutauchen.
Während ich in meiner Phantasie bereits mit einem Puppenwagen
durchs Dorf fuhr, schlief ich wieder ein. Als ich zum zweiten Mal
aufwachte, war es schon halb neun und das Bett meiner Schwester
leer. Sicher warteten sie längst mit dem Frühstück auf mich.

Doch davon konnte keine Rede sein. Statt des erwarteten «Da
ist ja unser Geburtstagskind!» war gerade erst eines der Mädchen
gähnend dabei, den Tisch zu decken. «Du bist aber früh», war alles,
was sie sagte. Schweigend setzte ich mich an meinen unge-
schmückten Platz und sprach wie so oft, wenn ich mich unver-
standen fühlte, den ersten Satz des Buches «Heimatlos» vor mich
hin: «Meine Eltern kenne ich nicht», und meine Mundwinkel
zogen sich bedenklich nach unten. Doch Mutter und Vater schie-
nen mich nach wie vor für ihr leibliches Kind zu halten. Sie kamen
mit dem erwarteten Satz «Da ist ja unser Geburtstagskind schon»
ins Zimmer, nur zum Schmücken hätten sie noch keine Zeit
gehabt, aber zum Glück sei ich ja in diesen Dingen sehr vernünftig. Mein Bruder raste in die Küche, um das mir zustehende
weiche Ei zu holen, meine Schwester reichte mir unaufgefordert
meine Lieblingsmarmelade, und die Eltern begaben sich eiligst ins
Wohnzimmer, um den Geburtstagstisch zu richten. Auch die
Mädchen gratulierten mir jetzt, und Mamsell schenkte mir etwas
Wunderbares: eine zeigefingerlange Badewanne aus Messing für
die Puppenstube. Dann hieß es: «Augen zu und nicht aufmachen,
bis wir es sagen», und ich wurde feierlich an den Tisch geführt.
«Du wirst staunen», sagte Mutter verheißungsvoll, und damit hatte
sie Recht. Statt der obligaten Sandtorte gab es den immer vor-

rätigen Napfkuchen, weil Mamsell nicht mehr zum Backen gekommen war, meine Schwester, die hoch begabte Malerin, hatte mich mit einer nicht sehr glücklichen Zeichnung älteren Datums bedacht, mein Bruder mit einer Hand voll Marmeln, die ich ein paar Tage vorher an ihn verloren hatte, und wie immer bekam ich einen Kasten Buntstifte und zwei Bögen mit Ausschneidepuppen. Aber tatsächlich stand da auch der Puppenwagen, allerdings nicht mein Traum mit hohen Rädern, verchromt, und aufklappbarem dunkelblauen Verdeck, wie ich ihn bei Wertheim gesehen hatte, sondern ein hölzernes Gestell, das eher wie ein blau gestrichener Stuhl auf winzigen Rädern aussah.

«Kuck mal, ein Sportwagen!» Mutter legte liebevoll den Arm um mich. «Du sagst ja gar nichts.»

Vater sah mich an. Ein gewisses Verständnis lag in seinem Blick. «Die Freude hat ihr eben die Sprache verschlagen.» Er zog sein Portemonnaie, drückte mir unter den neidischen Blicken meiner Geschwister einen Taler in die Hand und fügte hinzu: «Nicht für das Sparschwein, zum Verprassen!»

GLASIERTER ZWIEBACK

Zwieback wurde auf Vorrat gebacken und hielt sich in Blechdosen monatelang. Besonders köstlich schmeckt er mit Fruchtglasur.

ZUTATEN FÜR 2 GROSSE KASTENFORMEN (28 CM):

1 Würfel Hefe
180 ml lauwarmes Wasser
500 g Mehl
3 EL süße Sahne
250 g zimmerwarme Butter
100 g Zucker
1 Prise Salz
4 Eier

Für die Glasur:
150 g Puderzucker
1 kleines, frisches Eiweiß
2 EL Fruchtpüree (Himbeere
　oder Aprikose)

Die Hefe zerkrümeln und im lauwarmen Wasser auflösen, mit 180 g Mehl und der Sahne verrühren und etwa 30 Minuten im Warmen gehen lassen. Inzwischen das übrige Mehl mit der Butter, dem Zucker, Salz und Eiern zu einem glatten Teig verrühren, dann den Hefeansatz unterarbeiten. Den weichen Teig abgedeckt etwa 2 Stunden an einem warmen Ort gehen lassen. Die Form einfetten und den Teig einfüllen. In den kalten Backofen schieben, auf 180 Grad heizen und insgesamt etwa 1 Stunde backen. Zwieback aus der Form stürzen und ausdampfen lassen. Ist der Kuchen erkaltet, in 1 cm dicke Scheiben schneiden, eine Seite leicht zuckern und die Scheiben auf ein gefettetes Backblech legen. Bei 180 Grad in etwa 15–20 Minuten hellbraun backen.

　Für die Glasur alle Zutaten so lange schlagen, bis sich der Zucker gelöst hat. Die Glasur dünn auf die Zwiebäcke streichen und bei 50 Grad für etwa 10 Minuten im Ofen trocknen lassen.

Rehrücken kaschubische Art

Meist wurde Wild mit Speck gespickt. Bei diesem leicht süß-sauren Rezept muss der Braten stattdessen fleißig mit Butter begossen werden.

Zutaten für 6 Personen:

1 Rehrücken	Salz, Pfeffer
1 Möhre	ca. 150 g Butter
1 Selleriestück	1 Glas Rotwein
2 Zwiebeln	gemahlener Zimt und Nelken
6 Pimentkörner	1–2 EL Zucker
2 Zweige Thymian	200 g Kirschen
1 TL Wacholderbeeren	Worcestersoße
1 Tasse Wasser	2–3 TL Stärkemehl
1 Tasse Rotweinessig	

Den vorbereiteten, gesäuberten Rehrücken abwaschen, in einen passenden Topf oder Bräter legen. Das Gemüse waschen, schälen und klein schneiden, mit den Gewürzen, Essig und Wasser aufkochen, ganz auskühlen lassen und die Marinade auf dem Rehrücken verteilen. Mindestens 24 Stunden im Kühlschrank ziehen lassen, dabei immer wieder mit der Marinade bestreichen. Dann das Fleisch herausheben, trockentupfen und die Marinade beiseite stellen.

Den Backofen auf 160 Grad vorheizen. 50 g Butter in einem Bräter erhitzen, den Rehrücken rundherum anbraten, pfeffern und salzen. Das Gemüse samt der Hälfte Marinade über den Braten gießen und den Bräter mit geschlossenem Deckel in den Ofen schieben. Die restliche Butter schmelzen, bis sie braun ist. Den Rehrücken mindestens 2 Stunden braten, dabei immer wieder mit dem Fond und der braunen Butter begießen, 3 EL übrig lassen. Nach 1 Stunde die Kirschen zugeben. Das gegarte Fleisch herausheben, auslösen und in Folie wickeln.

Die Knochen in den Bräter geben und auf dem Herd kräftig rösten, mit Rotwein und ¼ l Wasser angießen, eine Viertelstunde kochen lassen. Die beiden Filets in eine feuerfeste Form setzen. Restliche braune Butter mit einem Schuss Rotwein, Nelken- und Zimtpulver und Zucker verrühren, Fleisch damit einpinseln und im Backofen bei 200 Grad etwa 10 Minuten glasieren. Inzwischen den Fond durchsieben, mit der eingerührten Stärke 2 Minuten dick kochen und mit Salz, Pfeffer und Worcestersoße abschmecken. Dazu passen Kartoffelbeignets.

Kartoffelbeignets

Zutaten für 6 Personen:

1,4 kg mehlig kochende
    Kartoffeln
Salz
1 hart gekochtes Ei

2 Eier
geriebene Muskatnuss
ca. 5 EL Mehl (bei wässrigen
    Kartoffeln mehr)
Butterschmalz

Die Kartoffeln waschen, mit Salz und wenig Wasser aufsetzen und garen. Kalt abschrecken, pellen und durch die Kartoffelpresse drücken, auf einem Brett offen auskühlen lassen. Das harte Ei pellen, durch ein Haarsieb in die Kartoffel drücken, die rohen Eier, Gewürze und das Mehl zugeben und alles behutsam einarbeiten (zu viel kneten macht den Teig zäh). Butterschmalz zweifingerdick in einer Pfanne erhitzen. Aus dem Kartoffelteig Kugeln formen und im siedenden Schmalz in mehreren Portionen goldbraun backen.

Marzipantorte à la Smolensky

Zutaten für eine 28-cm-Springform:

500 g Mandeln

15 Bittermandeln oder 1 Tropfen
   Bittermandelextrakt

375 g feiner Zucker

12 frische Eier, getrennt

1 Zitrone

1 TL geriebener Mazis (Muskatblüte)

2 gehäufte EL Stärkemehl

Für die Glasur:

150 g Quittengelee

200 g Puderzucker

2–3 EL Rosenwasser

1 Marzipanrose

Die Mandeln in einem Topf mit Wasser bedecken, zum Kochen bringen und dann mit kaltem Wasser abschrecken. Mandeln aus der Haut drücken, trocknen lassen und sehr fein mahlen. Den Zucker mit den Eigelb sehr weiß-cremig schlagen, den Saft der Zitrone zufügen, dann die Mandeln und die Muskatblüte. Weiterschlagen, bis die Masse weißlich-cremig ist.

Die Springform mit Backpapier auslegen und den Backofen auf 180 Grad vorheizen. Die Eiweiß zu sehr steifem Schnee schlagen, auf die Eigelbmasse geben, das Kartoffelmehl darüber sieben und alles unterheben. Die Schaummasse sofort in die Form füllen und in die mittlere Schiene des Backofens schieben. In der ersten Stunde die Backofentür geschlossen halten. Wird der Kuchen dann zu dunkel, mit Backpapier abdecken.

Die Torte ist gar, wenn einem Holzspießchen nach dem Einstechen keine Teigspuren anhaften. Dann die Torte aus dem Ofen nehmen und etwas abkühlen lassen. Erst dann aus der Form lösen. Das Quittengelee glatt rühren und die Torte damit dünn bestreichen. Den Puderzucker mit dem Rosenwasser verrühren und die Torte damit überziehen. Mit der Rose krönen. Torte am besten 1 Tag durchziehen lassen, damit sich das Aroma entfaltet.

8

Des Hauses Ehr

Die Linden blühten, was Vater zu der Bemerkung veranlasste, nun sei der Sommer wohl bald vorbei. Doch klang es keineswegs bedauernd, sondern eher hoffnungsvoll, wahrscheinlich, weil er sich heimlich nach dem Ende der Ferien sehnte und die Maxime «Des Hauses Ehr ist Gastlichkeit» allmählich als lästig empfand. Immer im Dienste der Gäste und ihrer Marotten zu sein – der eine konnte nur im Stockdunkeln schlafen und tat das bis in den Mittag hinein, der andere saß schon vor Tau und Tag im Esszimmer und wartete auf sein Frühstück –, war doch recht anstrengend. Außerdem war Mutter mehr als sonst hinterher, dass er nicht wie ein Waldschrat herumlief, und beantwortete seine in klagendem Tonfall vorgebrachte Frage «Muss ich mich wirklich noch rasieren?» jedes Mal mit einem knappen Kopfnicken, nicht ohne noch hinterherzurufen: «Und zieh dir bitte eine andere Jacke an!» Denn die Abendmahlzeiten fanden nun bei Kerzenlicht statt, das gute Porzellan wurde aus dem Schrank geholt, und die praktischen Messerbänkchen neben den Tellern verschwanden, weil Mutter sie plötzlich spießig fand. Blumen schmückten den Tisch, und Mutter achtete darauf, dass die Mädchen beim Servieren weiße Schürzen trugen.

Während Vater auf das Vorrecht der erwachsenen Gäste, es so gemütlich und bequem wie möglich zu haben, Rücksicht nahm, war er keineswegs zimperlich, wenn es um unsere sommerlichen Spielgefährten ging. Nach dem Motto «Kinder sind zum Helfen da» nahm er sie ordentlich ran. Brennholz aufstapeln, Reusen flicken, Aalpuppen aufwickeln, Schnüre entwirren und Beete gießen gehörten zum selbstverständlichen Pensum. Vor allem aber setzte er sie gern bei den nie enden wollenden Arbeiten im Wald ein, für den die Jungen im Alter meines Bruders natürlich am besten geeignet erschienen. Sobald so ein ahnungsloses Geschöpf fröhlich aus dem Wagen geklettert war und Vater mit festem Händedruck begrüßte, prüfte er so ganz nebenbei seine Muskeln, was die Mütter etwas misstrauisch beobachteten. Doch das darauf folgende Lob «Prächtiger Bursche» oder der Ausruf «Klein, aber oho!» ließ sie geschmeichelt nicken, nicht ahnend, dass sie mit dieser Zustimmung das Schicksal ihres Herzepimpels besiegelten. Arglos ließen sich die kleinen Lieblinge auf den Bretterwagen, vor den die Liese gespannt war, locken und fuhren mit uns in den Wald, um Alleebäume anzubinden, junge Kiefernpflanzen von Unkraut zu befreien oder Zäune zu errichten. Allerdings merkten sie ziemlich schnell, worauf sie sich da eingelassen hatten. Ameisen kletterten ihnen in die Hosenbeine, Mücken und Bremsen ernährten sich von ihrem Blut und verwandelten ihre Haut in einen roten, unerträglich juckenden Streuselkuchen, und Beine und Arme machten schmerzhafte Bekanntschaft mit Dornen und Brennnesseln. Doch Vater hielt sie mit großem Geschick bei der Stange, indem er alles, was sie taten, über den grünen Klee lobte –

etwas, was er sich bei uns völlig sparte. Wenn sie dann von ihren
besorgten Müttern zu Haus wieder in Empfang genommen wurden, die Schrammen gepflastert und die juckenden Insektenstiche
mit heilender Salbe bestrichen waren, erzählten sie völlig über-
dreht und mit überschnappender Stimme von ihren Erlebnissen.
Eine Kreuzotter – «Ringelnatter», murmelte Vater – hatte sie ange-
zischt, sie hatten ein gefährlich grunzendes Wildschwein gesehen,
bei dem es sich wohl eher um einen Dachs gehandelt hatte, und
ein Riesenraubvogel, wahrscheinlich ein Adler, wahrscheinlicher
aber doch eine Krähe, war ganz tief über ihre Köpfe geflogen. Die
Mütter wussten nicht recht, was sie von alldem halten sollten. Aber
da die Kleinen trotz der davongetragenen Blessuren quietschver-
gnügt waren, machten sie gute Miene zum bösen Spiel.

Nicht nur wir hatten in der Ferienzeit Besuch. Fast jedes Haus
im Dorf beherbergte jetzt blasse, pickelige Stadtkinder, die man
zur Erholung auf die Weide geschickt hatte. Es war schwer zu
sagen, wer die größeren Vorurteile besaß, wir gegen die Städter
oder sie gegen uns. Aber das glich sich aus, je nachdem, wer sich
auf dem ihm vertrauten Terrain bewegte. Die Stadtkinder hatten
keine Ahnung vom beschaulichen Landleben und tobten in den
Ställen und auf dem Hof herum, dass die Kühe sich verjagten und
keine Milch mehr gaben, die Pferde wild zu schnauben begannen
und die Hühner mit wildem Gegacker durcheinander stoben. Sie
waren wie Babys, sie stopften sich alles in den Mund, was sie für
essbar hielten, Tollkirschen zum Beispiel, was viel Aufregung nach
sich zog, denn die Gastgeber mussten unter großen Mühen und
oft mit sehr rüden Methoden das einmal in den Magen Gelangte

wieder ans Licht bringen. Die Stadtkinder verletzten sich beim Spielen an den landwirtschaftlichen Maschinen, rammten sich Mistgabeln oder Spaten in den Fuß, gingen sorglos mit Sense und Sichel um, so dass sie einem armen kleinen Gänseküken den Kopf abmähten, buddelten sich auf dem Heuboden Höhlen, in denen sie dann fast erstickten, kamen beim Schwimmen in gefährliche Nähe der Seerosen und versuchten, mit Brenngläsern den staubtrockenen Wald ein wenig aufzuheizen. Kurz gesagt, sie waren zu nichts Vernünftigem zu gebrauchen, und nach jedem Sommer sagte Mutter höchst erleichtert: «Gott sei Dank, es ist nicht viel passiert.» Dafür waren sie fixer als wir, schneller von Kapee und schlugen uns haushoch bei jedem kniffligen Spiel.

Wenn wir dann bei unseren Verwandten in Berlin zu Besuch waren, fanden die uns gehemmt und einfältig. Wir waren noch nie im Theater gewesen, konnten uns unter dem geheimnisvollen Wort Kinematograph nichts vorstellen und verstanden immer «Prärie», wenn von der Peripherie der Stadt die Rede war, stolperten neben unseren Gastgebern über den Kurfürstendamm und rempelten, verwirrt von den vielen Menschen, dauernd jemanden an – «Mensch, haste Tomaten uff de Oogen?». Wir bestaunten die gekachelten Wände der öffentlichen Toiletten und waren unter dem herablassenden Lächeln unserer Vettern und Kusinen fasziniert von den Spucknäpfen auf den Bahnsteigen, neben denen man sich an einer kleinen Wasserfontäne nach dem Spucken den Mund ausspülen konnte.

Unter den vielen Kindern, die im Lauf der Jahre durch unser Haus zogen, gab es auch einen entfernten Vetter namens Kurt, ein freundliches Schlitzohr, der es verstand, sich überall beliebt zu machen, und deshalb allmählich schon fast ein Stammgast bei uns war. Nach der Begrüßung bedankte er sich erst einmal artig bei meiner Mutter, dass er zu den Auserwählten gehörte, die bei uns die Sommerferien verbringen durften, brachte Vater schnell dazu, ihm einen Vortrag über die Gefahren von Kiefernspannern, Rüsselkäfern und anderen Schädlingen, die den Wald bedrohten, zu halten, erkundigte sich höflich, wie es der Liese gehe, fütterte Möpschen mit einem mitgebrachten Wiener Würstchen und machte Mamsell nicht nur Komplimente über den ihm zu Ehren gebackenen Schokoladenkuchen, sondern jedes Mal auch ein kleines Geschenk. Obwohl wir es ungern zugaben, fanden wir ihn eigentlich ganz nett, denn er kam uns nie in die Quere, war weder rechthaberisch noch streitsüchtig, zeigte keinerlei Neigung, sich mit meinem Bruder darüber zu zanken, wer die Füchse kutschieren durfte, und lag am liebsten irgendwo im Garten und las. Trotzdem fanden wir, dass reichlich viel Gewese um ihn gemacht wurde. Er konnte sich vor jeder unangenehmen Pflicht drücken, denn er war – das wusste jeder – das «arme Kind mit dem gebrochenen Arm». Dieser Vorfall lag zwar schon drei Jahre zurück, es ließ sich aber immer noch Kapital daraus schlagen. Eine Gießkanne tragen – unmöglich. Vater im Wald helfen – ausgeschlossen. Das Ruder in die Hand nehmen – wie denn, bitte? Bei jeder erbetenen Hilfe, die ihm zu mühsam war, brauchte er nur mit einem um Verständnis bittenden Blick auf seinen Arm zu tippen, und schon entschuldigte sich jeder, weil er nicht gleich daran gedacht hatte.

Auch in diesem Jahr zeigte sich Kurtie bei seiner Ankunft wieder
von der besten Seite und hatte außerdem ein ganz außergewöhn-
liches Geschenk für Mamsell: einen Kanarienvogel. Prompt fingen
wir an, uns zu ärgern, dass wir nicht schon längst auf so eine tolle
Idee gekommen waren. Denn ein Kanarienvogel war auch für
unser Sparschwein erschwinglich und machte eine Menge her.
Dieser jedenfalls bestimmt. Mamsell konnte sich vor Rührung
nicht lassen, und mehr als je zuvor mampfte Kurtie Köstlichkeiten
wie Sahnebonbons, Baisers und Schokoladenkekse vor sich hin.
Der Vogel war wirklich allerliebst. Er sang und trällerte, dass es
eine Freude war, Vater allerdings manchmal etwas zu viel. Doch
dann brachte es der berühmte «Irgendjemand» fertig, das Käfigtür-
chen offen zu lassen. Der Vogel flatterte hinaus und in die Küche,
wo er neben Möpschens Kopf landete, der gerade seine geliebte
Buttermilch schlabberte und ihn verdutzt betrachtete. Nun muss
gesagt werden, dass Möpschens Augen und Geruchssinn nicht
mehr besonders gut waren, so dass er den Kanarienvogel anscheinend mit einem beweglichen Klumpen herrlicher Butter ver-
wechselte und Anstalten machte, ihn zu verspeisen. Kurtie warf
sich dazwischen und versuchte, Möpschen wegzuziehen. Es gab
ein kurzes Gerangel, bei dem Kurtie ins Stolpern kam und hinfiel.
Als endlich wieder Ruhe in der Küche eingetreten war, gab es
keinen Kanarienvogel mehr, aber dafür einen gebrochenen Arm.

Schokoladenkuchen

Zutaten für 1 Backblech:

500 g süße Mandeln

2–3 Bittermandeln

250 g Vollmilchkuvertüre

250 g Halbbitterkuvertüre

120 g Butter

200 g Zucker

7 Eier

500 g Mehl

1 Pck. Backpulver

1 Gläschen Rum

1 Ei zum Bestreichen

Die Mandeln auf einem Tuch sauber reiben, fein mahlen. Die Kuvertüren schmelzen, mit Butter und Zucker cremig schlagen, nach und nach die Eier unterrühren. Das Mehl mit Backpulver mischen, im Wechsel mit den Mandeln und dem Rum unter den Teig ziehen. Ein Backblech fetten und mehlen, den Teig darauf verstreichen und mit 1 Ei bestreichen. Im vorgeheizten Backofen bei 180 Grad 35 Minuten auf einem dunklen Blech backen. Noch warm in Streifen schneiden.

Schokoladenkekse

Zutaten für 2 Bleche:

100 g gut gekühlte Vollmilchschokolade

1–2 Riegel Bitterschokolade

4 Eiweiß

1 EL Stärke

200 g feiner Zucker

70 g Mehl

Die Schokolade fein reiben. Ein Backblech mit Backpapier auslegen. Den Backofen auf 160 Grad vorheizen. Die Eiweiß zusammen mit der Stärke sehr steif schlagen, dann den Zucker einrieseln lassen. Rasch Mehl und

Schokolade unterziehen und mit einem Teelöffel kleine Häufchen mit einigem Abstand aufs Blech setzen. Im heißen Ofen etwa 15 Minuten backen. Auskühlen lassen und in einer Blechdose kühl lagern.

RESTEPASTETE

ZUTATEN FÜR EINE FORM VON ETWA 4 L INHALT:

Für die Einlage:

150 g fetter Speck in dünnen
    Scheiben
1–2 kg Rehragout, auch mit
    Knochen
2 Schnepfen oder 3 Wachteln
4 Schalotten
1 Zitrone
1 TL Pfefferkörner
2–3 Nelken
Salz
250 g Champignons
2 Gläser Rotwein

Für die Farce:

1 Brötchen
500 g Schweineleber
500 g Schweinefleisch
250 g fetter Speck
250 g fetter gekochter Schinken
2 Schalotten
4 Sardellenfilets
1 Bund Thymian, Lorbeer
100 g geriebener Parmesan

Für die Jelly:

200 ml Madeira
Kraftbrühe
6 Blatt Gelatine

Die Hälfte der Speckscheiben in eine Form legen, das gereinigte Fleisch mit Knochen und die Wachteln darüber legen. Schalotten schälen und mit der Zitrone in Scheiben schneiden, beides mit den Gewürzen zwischen dem Fleisch verteilen. Die Champignons putzen, Stiele herausdrehen und zum Fleisch geben, die Köpfe beiseite legen. Die Mischung mit dem übrigen Speck bedecken und mit Rotwein begießen. Im vorgeheizten Backofen bei 160 Grad etwa 1 Stunde gar schmoren. Inzwischen für die Farce das Brötchen in Wasser einweichen. Leber, Fleisch, Speck und Schinken zweimal durch die feine Scheibe des Fleischwolfs drehen.

Die Schalotten schälen und sehr fein würfeln. Die Sardellen abspülen, trockentupfen und sehr fein hacken. 1 TL Thymianblättchen abstreifen. Das Brot ganz ausdrücken, mit dem passierten Fleisch und den übrigen vorbereiteten Zutaten zu einer glatten Masse verkneten. Mit Salz und Pfeffer würzen. Die Champignonköpfe blättrig schneiden und unterziehen. Das gegarte Fleisch abgießen, den Jus unter die Farce mischen. Das Fleisch von Reh und Wildgeflügel auslösen.

Eine Pastetenform mit einer Speckschwarte ausreiben. Eine Schicht Farce einfüllen, dann Fleisch und so weiter, bis alle Zutaten eingeschichtet sind. Mit Farce abschließen und die Form mehrfach aufstoßen. Den Deckel aufsetzen und die Form im Backofen bei 180 Grad etwa 2 Stunden backen.

Dann herausnehmen, Deckel öffnen, ein Brettchen auf die Pastete legen und mit Konserven o. ä. beschweren und erkalten lassen. Den entstandenen Bratensaft abgießen und entfetten. Auf die Pastete Lorbeer und Thymian dekorativ verteilen. Gelatine in kaltem Wasser einweichen. Bratensaft erwärmen und Gelatine tropfnass darin auflösen. Mit Madeira und Brühe auf ½ l auffüllen und die Pastete damit übergießen. Mindestens 6 Stunden kalt stellen. Am besten schmeckt die Pastete nach 2–3 Tagen.

AUGUST

9

Das Liebesnest

Der Hochsommer war die Zeit der kalten Küche. Niemand hatte Lust, sich bei Temperaturen um die 30 Grad den Magen mit schwer Verdaulichem zu füllen. Es gab Kartoffelsalat mit Würstchen, Geflügelsalat, Quark mit Schnittlauch und frischen Kartoffeln, Hähnchen in Aspik und als leichte warme Gerichte Omeletts aux fines herbes oder Aufläufe mit Blattsalat, dazu Obstgrütze oder Kaltschalen in allen Variationen und jetzt, im August, vor allem aus Kirschen. An unseren Fingern war zu sehen, wie fleißig wir beim Aussteinen geholfen hatten. Leider waren nicht nur wir, sondern auch die Stare sehr hinter diesen Früchten her. Sie ließen sich weder durch Böllerschüsse noch durch die von uns künstlerisch gestalteten Vogelscheuchen abhalten. Sie machten es sich auf ihnen mit viel Gekrächze bequem und ließen uns nur noch die an den Stängeln hängenden Kerne übrig.

Leider stieß unser Verlangen, den Durst mit Obstsäften zu löschen, bei Vater nicht auf das rechte Verständnis. Er war davon nicht abzubringen, dass das Brunnenwasser von der Hofpumpe für unsere Gesundheit das Bekömmlichste sei, ja geradezu ein Lebenselixier und köstlicher als jede Limonade, was er besonders betonte, wenn uns der Sinn mal wieder sehr nach Frau Trägenapps Brause stand.

Das Haus hatte sich inzwischen so aufgeheizt, dass wir Kinder uns tagsüber am liebsten im Esszimmer aufhielten, dem kühlsten Raum, von dem man einen weiten Blick über die Wiese bis zum See hatte. Dort spielten wir mit den Gastkindern «Tod und Leben», «Mensch ärgere dich nicht» und «Ich sehe was, was du nicht siehst» oder stellten die berühmten drei Fragen hinter der Tür, bis Mamsell erschien, jedem von uns eine Haarnadel in die Hand drückte und uns in die Küche zum Kirschenaussteinen beorderte. Nachts schliefen wir nur noch bei offenen Fenstern und Türen, um auch den leisesten Windhauch einzufangen, der vielleicht ein wenig Abkühlung brachte. Sogar die Haustür stand weit offen, was Mutter ziemlich unbehaglich fand. Aber Vater zitierte: «‹An Stehlen und Plündern kann ich niemand verhindern, Gott verzeih ihm die Sünde, der Schnaps steht im Spinde.› Außerdem», fügte er hinzu, «haben wir ja noch Möpschen. Der wird einem Einbrecher schon Beine machen.»

«Da bin ich mir nicht so sicher», sagte Mutter skeptisch, denn unser Bernhardiner begrüßte jeden Bettler und Landstreicher stets mit großer Herzlichkeit, während er anderen, offensichtlich in geordneten Verhältnissen lebenden Fremden knurrend die Zähne zeigte.

War man mit Mühe und Not eingeschlummert, hatte man im Morgengrauen schon wieder mit den Mücken zu kämpfen, die sich um diese Zeit besonders angriffslustig zeigten. Ach, diese Hitze war schon eine rechte Last. Aber ein paar Wochen später, wenn von Hitze schon längst keine Rede mehr war, trauerten wir ihr nach und diesen herrlichen, windstillen Nächten, in denen sogar wir Kinder uns noch spät draußen herumtreiben durften. Wir planschten im Witzker See herum, während sich so mancher Dorfbewohner, mit Seife ausgerüstet, dort ausgiebig wusch, und machten einen Heidenlärm, neugierig von den Kühen beglotzt, die ebenfalls im Wasser Kühlung suchten.

Der Sommer war auch die Zeit vieler Katastrophen und sorgte so für den nötigen Gesprächsstoff. Was für die Gutsnachbarn und Bauern, die mit der Getreideernte beginnen wollten, ein Unglück war, war für uns ein Segen: wenn es endlich mal richtig regnete. Während bei uns dann eine äußerst heitere Stimmung herrschte, waren sie am Verzweifeln. Im umgekehrten Fall konnte Vater uns nicht genug Schreckensbilder malen: vertrocknete Schonungen, Waldbrände und jede Menge Ungeziefer. In manchen Jahren waren wir nur damit beschäftigt, Gräben zu errichten, damit die Rüsselkäfer auf ihrem Vormarsch hineinpurzelten, so dass wir sie einsammeln konnten. Wenn wir von all diesem Schrecklichen verschont wurden, sorgte unsere Postfrau dafür, dass unsere Gänsehaut konstant blieb. Ein Kindermörder trieb sich in den Wäldern herum, ein verbrecherisches Subjekt spannte Seile über die Straße, in denen sich die Autos verfingen, ein kleines Mädchen war auf Nimmerwiedersehen verschwunden, ein tollwütiger Hund gesichtet worden.

Als ich eines Nachts nicht schlafen konnte, schlich ich mich in der Morgendämmerung in die Küche, löffelte eine Schale mit Dickmilch, die auf dem Fensterbrett stand, in mich hinein und verließ leise das Haus. Auf meinen geliebten Pantinen, die Mutter mich ungern tragen ließ, weil sie angeblich schädlich für die Füße

waren, schlurfte ich durch das noch schlafende Dorf und fand zu
meiner großen Freude im Sand eine Glasmarmel mit einem Häs-
chen darin. Sie musste mindestens das Zwanzigfache einer ordi-
nären Marmel wert sein.

Danach gab ich mich meiner Lieblingsphantasie hin, alle Welt
sei gestorben und ich sei als Einzige übrig geblieben, und nie, nie
wieder würde ich eine menschliche Stimme hören. Im gleichen
Augenblick sagte jemand dicht hinter mir: «Da fress mir doch
gleich eener een Storch! Wo kommst du denn her?»

Ich schrie, aber es war nur eines unserer Mädchen, das mir
ungehalten befahl, nicht so einen Krach zu machen und nie-
mandem zu Haus zu erzählen, dass ich sie zu dieser Stunde auf der
Straße getroffen hatte. Ich versprach es hoch und heilig. Doch
nach ein paar Tagen hatte ich mein Versprechen vergessen und
berichtete es wichtigtuerisch meiner Schwester, die es auf der Stelle
meiner Mutter erzählte, von der es wiederum an Mamsell weitergegeben wurde, was zur Folge hatte, dass das Mädchen mich keines
Blickes mehr würdigte.

Inzwischen sorgte Mamsell dafür, dass wir uns nicht zu lange auf
der Veranda gemütlich in den Korbstühlen räkeln konnten. Im
Haus gab es genug Beschäftigung. Die Silberbestecke waren nicht
mehr vollzählig, und auch sonst fehlte dies und jenes an Silber-
sachen. Höchste Zeit also, sich darum zu kümmern und nachzu-
kucken, wo sie geblieben sein konnten. Maulend machten wir uns
auf die Suche, denn wir hatten uns gerade dazu durchgerungen,
anstatt auf der Veranda rumzuhängen, zum See zu gehen. Wir
waren den ganzen Tag beschäftigt, und es war wirklich erstaunlich,

wo sich diese Kostbarkeiten überall versteckt hatten. Das Silberkörbchen einer ehemaligen Hofdame fanden wir im Schweinestall auf dem Kartoffeldämpfer, eine Suppenkelle war im Bienenschauer gelandet, zwei Gabeln lagen in der Waschküche auf dem Fenstersims und ein rabenschwarz angelaufener Teelöffel im Pferdestall auf dem Brett über der Futterkiste. Doch wirklich fündig wurden wir erst in einer Ecke der Scheune, allerdings weniger mit dem, was Mamsell vermisste. Hinter mehreren aufgestapelten Strohballen hatte sich jemand eine gemütliche Lagerstatt mit zwei Kissen von den Verandastühlen und einer aus dem Gastzimmer stammenden Wolldecke eingerichtet. Aus dem Stroh ragte der Hals einer Flasche von Vaters Lieblingswein, und daneben glitzerte eine strassbesetzte Haarspange.

Mamsell schäumte, das Mädchen würdigte nun auch meine Geschwister keines Blickes mehr, und Mutter machte ihr «Das geht nun aber wirklich zu weit»-Gesicht. Nur Vater blieb gelassen. «Oh, dass sie ewig grünen bliebe, die schöne Zeit der jungen Liebe», sagte er und schenkte sich den kärglichen Rest aus der Weinflasche ein.

Kartoffelsalat mit Würstchen

Wichtig ist die richtige Kartoffelsorte: Hörnchen oder Rote Mäuse waren besonders beliebt. Auf Bauernmärkten gibt es sie immer noch – sonst einfach fest kochende Salatkartoffeln nehmen.

Zutaten für 4 Personen:

1 kg Salatkartoffeln	2–3 EL Weinessig
Salz	3 EL süße Sahne
1 Schalotte	2 Eigelb
1 EL Butter	5 EL Öl
1 EL Mehl	1 TL Senf
¼ l Gemüsebrühe	Pfeffer

Die Kartoffeln waschen, im Kartoffeldämpfer mit Salz garen, dann pellen und über Nacht abkühlen lassen. Die Schalotte fein würfeln, in der Butter anschwitzen, bis sie glasig ist, dann das Mehl zugeben und nur kurz weiterschwitzen lassen. Mit der Bouillon und dem Essig angießen und eine Viertelstunde leise kochen lassen, dann abkühlen lassen, ab und zu rühren und durch ein Sieb geben, mit der süßen Sahne verrühren. Die Eigelb cremig rühren, dabei das Öl zulaufen lassen, Salz, Pfeffer und Senf zugeben und diesen Mix unter die kalte Bechamel schlagen. Die kalten Kartoffeln in dünne Scheiben schneiden, im Wechsel mit der Soße in eine Schüssel schichten. Eine Stunde ziehen lassen, dann mit Bratwürstchen zu Tisch geben.

Geflügelsalat

Suppenhühner gab es durch die eigene Hühnerhaltung natürlich immer ab und zu. Im Sommer wurden sie statt zu Suppe zu Salat verarbeitet.

ZUTATEN FÜR 4–6 PERSONEN:

1 Suppenhuhn	2 EL Zitronensaft
1 Bund Suppengrün	3 Salzgurken
1 Lorbeerblatt	2 Schalotten
Pfeffer- und Pimentkörner	1–2 EL Kapern
Salz	2 hart gekochte Eigelb
1 Schuss Weißweinessig	3–4 EL Weißweinessig
500 g Kartoffeln	4–5 EL Öl
1 Sellerieknolle	Worcestersoße

Das Huhn und das Suppengrün waschen. Das Huhn in einen Topf geben, das Suppengrün grob zerteilen und mit den Gewürzen zum Huhn geben. Etwa 1 l Wasser zugeben und 1 Schuss Essig. Kalt aufsetzen und etwa 2 Stunden leicht kochen lassen, bis das Fleisch weich ist. Das Huhn herausheben, die Brühe durchsieben und kalt stellen, erstarrtes Fett abheben.

Sellerie und Kartoffeln waschen, in wenig Wasser mit Salz gar kochen, dann abgießen und kalt abschrecken. Kartoffeln pellen, Sellerie schälen, beides in kleine Würfel schneiden, Sellerie mit dem Zitronensaft beträufeln und samt Kartoffeln mit 1–2 Kellen Hühnerbrühe überschöpfen. Die Gurken in kleine Würfel schneiden. Die Schalotten abziehen, ebenfalls würfeln. Die Kapern grob hacken. Die Eigelb durch ein Haarsieb streichen, mit 1 Tasse Brühe cremig rühren, Essig und Öl zugeben und alles mit Pfeffer, Salz und Worcestersoße kräftig würzen.

Das erkaltete Huhn auslösen und das Fleisch klein schneiden, Haut nicht mitverwenden. Alle vorbereiteten Zutaten miteinander mischen, nochmals abschmecken und 1 Stunde durchziehen lassen. Vor dem Servieren mit Brühe, Salz und Essig abschmecken.

KRÄUTERQUARK

Quark hieß damals noch weißer Käse und wurde natürlich selbst gemacht – eine Verwertung der im Sommer reichlich zur Verfügung stehenden Milch. Probieren Sie es aus – am besten mit Biomilch. Dazu gab's Pellkartoffeln und häufig Leinöl, eines der gesündesten Öle, das allerdings schnell ranzig wird.

ZUTATEN FÜR ETWA 250 G WEISSKÄSE:

1 l pasteurisierte Biomilch	1 EL gehackter Dill
1 Tasse Dickmilch	5 EL süße Sahne oder Milch
1 TL Kümmel	Salz, Pfeffer aus der Mühle
1 Bund Schnittlauch	

Die Milch mit der Dickmilch verrühren, locker abdecken und bei Zimmertemperatur 12 Stunden stehen lassen. Dann das Ganze langsam erhitzen und aufkochen lassen. Ein Sieb mit einem Mulltuch auslegen und die ausgeflockte Milch hineingießen. (Die aufgefangene Molke als Getränk mit Zucker und Zitronensaft abschmecken und kalt stellen.) Den Quark gut abtropfen lassen und kalt stellen. Den Kümmel mit 1 TL Wasser einweichen. Schnittlauch und Dill waschen, Schnittlauch in Röllchen schneiden, Dillspitzen abzupfen und hacken. Wenn der Quark krümelig ist, durch ein Sieb streichen. Dann mit Sahne oder Milch aufschlagen, bis er cremig ist. Mit den übrigen Zutaten verrühren und abschmecken.

Tipp: Sie können natürlich auch 250 g Schichtkäse kaufen und zubereiten wie angegeben.

Hähnchen in Aspik

Bratenreste wurden gerne in Aspik eingebettet wieder aufgetischt. Dazu braucht man eine kräftige Bouillon. Selbst gekocht schmeckt sie besonders fein. Übrigens: Im Sommer wurde die Zahl der Gelatineblätter erhöht, damit die Speisen in der Wärme nicht davonliefen…

Zutaten für 4 Personen:

500 g gehackte Kalbsknochen	1 TL Pfefferkörner
250 g Suppenfleisch (Leiterstück)	Salz
250 g Hühnerklein	Eiweiß und Eierschale zum
1 Stückchen roher Schinken	Klären
1 Bund Suppengrün	80 ml Madeira
1 Zwiebel	80 ml Obstessig
2 Stiele Thymian und Estragon	12 Blatt helle Gelatine
1 Lorbeerblatt	1 gebratenes Hähnchen
3 Nelken	2–3 eingelegte saure Gurken

Die Knochen ohne Fett im Suppentopf anrösten. Dann das übrige Fleisch zugeben. Suppengrün waschen und zerkleinern, mit der ganzen ungeschälten Zwiebel zugeben. Zum Schluss die Gewürze und etwa 1 l kaltes Wasser zufügen und alles bei geöffnetem Deckel langsam zum Kochen bringen, etwa 2 Stunden leise kochen lassen. Zwischendurch den Schaum immer wieder mit einem Schaumlöffel abschöpfen. Dann die Brühe abgießen, das Fleisch für Salate oder Fleischklopse (Rezept Seite 80) verwerten. Die Brühe nochmals aufkochen lassen, dabei Eierschalen und Eiweiß zugeben, ständig rühren. Die Brühe leicht abkühlen lassen und dann durch ein Mulltuch gießen. Kalt stellen, dann das Fett abheben. Die Brühe mit Madeira und Essig zu etwa 1 l auffüllen, nach Bedarf nachsalzen. Die Gelatine in kaltem Wasser einweichen, tropfnass bei kleiner Hitze auflösen, ohne zu kochen. Vom Herd nehmen und löffelweise die kalte Brühe zugeben. In eine 2-l-Form einen Spiegel aus Brühe gießen und im Kühlschrank erstarren lassen.

Inzwischen das Hähnchen auslösen, enthäuten und in mundgerechte Happen schneiden. Die Gurken in kleine Würfel schneiden. Fleisch und Gurke dekorativ auf dem Aspik einschichten, mit der restlichen Brühe übergießen und kalt stellen. Vor dem Servieren stürzen.

Buttermilch-Kaltschale

Kaltschalen waren nicht wie heute nur eine Sommersuppe, sondern wurden auch als Dessert gegessen. Hier ein Rezept für Resteverwertung total:

Zutaten für 4 Personen:

3 Scheiben Schwarzbrot (oder Pumpernickel)	³/₄ l Buttermilch
	¹/₈ l süße Sahne
80 g Zucker	4 Zwiebäcke
¹/₂ TL Zimt	

Das Schwarzbrot zerbröseln und in einer Pfanne rösten. Den Zucker zugeben und kurz weiterrösten – der Zucker sollte nicht karamelisieren. Vom Herd nehmen und Zimt zugeben. Die Buttermilch mit der Sahne verrühren. Zwieback in diese Kaltschale bröseln und mit dem geriebenen Schwarzbrot bestreut zu Tisch geben.

Tipp: Schaumiger wird es, wenn Sie die Sahne steif schlagen und dann die Buttermilch unterschlagen.

10

Der aufmüpfige Bulle

Zwei Tugenden, die man uns Kindern gern abverlangte, waren Einsicht und Verständnis, gleichgültig, ob es sich dabei um die verhasste Brotsuppe handelte – «Ihr müsst doch einsehen, dass Brotreste nicht in den Schweineeimer gehören!» – oder um das Pferd des Onkels. Der drückte meinem Bruder die Zügel in die Hand, um den Eltern nur mal ganz kurz guten Tag zu sagen, und erschien eine Stunde später wieder, in der mein Bruder das Pferd im Nieselregen auf der Dorfstraße notgedrungen auf und ab geführt hatte. Zwar entschuldigte sich der Onkel und sagte: «Hat wohl doch etwas länger gedauert», worauf Vater sofort antwortete: «Aber das macht doch nichts. Dafür hat dein Neffe doch großes Verständnis», nicht ohne ein drohendes «Nicht wahr, mein Junge?» hinzuzufügen. Wir mussten für Vaters schlechte Laune Verständnis haben und auf Zehenspitzen gehen – «Euer Vater hat den ganzen Tag im Wald gearbeitet, da braucht er jetzt seine Ruhe.» Und wenn wir einen Flunsch zogen, weil eine etwas bigotte Tante, anstatt uns, wie es sich für einen Gast gehörte, etwas Anständiges mitzubringen, jedem eine Losung zur Erbauung in die Hand drückte, hieß es: «Seid doch nicht so unbescheiden. Sie ist eben ein frommer Mensch. Dafür werdet ihr wohl doch noch Verständnis haben.»

Mit der berühmten Einsicht war es ebenso – «Du musst doch einsehen, dass ich dir nicht so mir nichts, dir nichts eine neue Puppe kaufen kann!» – «Du musst doch endlich einsehen, dass du zu groß bist, um noch am Daumen zu lutschen.» – «Du musst doch mal einsehen, Junge, dass das Leben nicht nur aus Angeln besteht.»

Wir Kinder fanden wiederum, dass sich die Erwachsenen lieber selber an die Nase fassen sollten, denn mit ihrem Verständnis und ihrer Einsicht war es unserer Meinung nach auch nicht weit her, vor allem uns gegenüber. Bei Mutter zum Beispiel haperte es oft sehr mit dem Verständnis – «Dass du jedes Mal vergisst, dir vor dem Essen die Hände zu waschen, dafür fehlt mir wirklich jedes Verständnis.» Und mit Mutters Einsicht stand es nicht anders. Es war für sie einfach nicht einzusehen, dass ich mit den Türen knallte, mit vollem Mund sprach, nie richtig zuhörte und allen dauernd ins Wort fiel. Mein Einwand, gerade dafür müsse sie doch Verständnis haben, das tue sie doch bei Vater auch, fand ein negatives Echo. Sie beklagte sich bei Mamsell, wie vorlaut ich doch in letzter Zeit geworden sei. Und Mamsell, anstatt mich in Schutz zu nehmen, bestätigte das mit der überflüssigen Bemerkung, mich steche wohl der Hafer.

Doch der stach den Jungbullen meines Onkels entschieden mehr. Er war gerade erst zum Herren der Kühe gekürt worden, weidete auf der Nachbarkoppel und machte einen besonders angriffslustigen Eindruck. Brüllend stampfte er im Kreis herum und versuchte, sich von dem Pflock zu befreien, an dem er angekettet war. Damit war er für uns genau das Richtige, und wir konnten unseren Gastkindern aus der Großstadt endlich etwas ebenso Aufregendes bieten wie einen Löwen im Zoo. Mit roten Tüchern bewaffnet liefen wir zur Koppel, kletterten über den Zaun, wedelten mit den Tüchern und reizten ihn mit höhnischen Worten, obwohl Vater uns das streng verboten hatte. Vergeblich versuchte er, uns klar zu machen, wie arm dieses Tier dran sei. «Und», fügte er warnend hinzu, «irgendwann reißt er sich los und kriegt euch!»

In einer dieser heißen Augustnächte sah ich einen Geist. Meine Eltern genossen noch die Sommernacht auf der Veranda, während wir schon in unseren Betten lagen. Aber da alle Türen offen standen, lauschte ich im Halbschlaf ihren Gesprächen. Vater hatte einen Kullerpfirsich angesetzt und versuchte, einer unserer jungen hübschen Tanten den Komplex auszureden, dass Männer sich nichts aus ihr machten, und das nur, weil sie so ganz anders als andere Mädchen war. Sie sei eben irgendwie zu ehrlich, und oberflächliches Flirten liege ihr nun mal nicht. Begleitet wurde dieses Bekenntnis von der mehrmals aufgelegten Platte «O Donna Klara, ich hab dich tanzen gesehn». In Vaters Stimme lag Mitgefühl, in Mutters eine mir wohl bekannte leichte Gereiztheit. Ich kühlte meine zahlreichen Mückenstiche gerade mit Spucke, als ich von draußen ein merkwürdiges Geräusch hörte, das ich mir nicht erklären konnte. Ich lief zum Fenster, beugte mich hinaus und blickte in eine schnaubende Fratze. Mein Aufschrei weckte meine Schwester, die von mir wissen wollte, was denn nun schon wieder los sei, sich dann aber auf die andere Seite drehte und weiterschlief. Ich stürmte auf die Veranda. Vater, der gerade der trostbedürftigen

Tante von dem Kullerpfirsich nachgoss, erschrak so heftig, dass ein Teil der Bowle danebenfloss. «Himmel noch mal! Was machst du denn hier?» Eine, wie Mutter fand, sehr berechtigte Frage.

«Ein Geist im Garten», stammelte ich.

Die Tante fühlte sich sichtlich durch mich gestört. «Deine blühende Phantasie möchte ich auch haben», sagte sie unfreundlich.

Vater erhob sich seufzend. «Na, dann will ich mal nach dem Rechten sehen.»

Von mir begleitet, ging er zur Haustür und ließ seinen Blick über Garten und Dorfstraße, die direkt an unserem Haus vorbeiführte, wandern. Aber nichts war zu sehen. Das Gespenst war verschwunden. Außer einem fernen Schnauben, das wahrscheinlich von der auf der Koppel gebliebenen Liese stammte, war kein Geräusch zu hören. «Nun aber schleunigst ins Bett mit dir und endlich geschlafen», befahl Vater. Und das tat ich auch ohne Widerrede.

Der nächste Morgen verlief friedlich, bis die Postfrau völlig außer Puste bei uns ankam und erst nach einer Tasse von Tante Hertas Beruhigungstee die Sprache wiederfand, um uns zu schildern, was ihr unterwegs passiert war. Wie immer war sie ganz damit beschäftigt gewesen, nicht mit dem Rad auf dem märkischen Sand auszurutschen oder von den herausragenden Kiefernwurzeln zu Fall gebracht zu werden. «Und wie ick hochkieke, steht doch det Viech direkt vor mir.» Natürlich hatte sie sich fürchterlich verjagt, aber der Bulle anscheinend auch: Jedenfalls war er nach einem erschreckten Brummen wieder im Unterholz verschwunden.

Wir hatten gerade Waschtag, und der entlaufene Bulle war natürlich Thema Nummer eins in der Waschküche. Denn obwohl er erst vor wenigen Stunden aufgetaucht war, kursierten bereits die aufregendsten Geschichten.

Der Bulle hatte den Milchwagen attackiert, so dass die Kannen nur so durch die Gegend flogen, in der Nachbarkoppel hatte er sich über zwei verdutzte, aber dann doch wiederum recht willige Kühe hergemacht, er hatte Opa Trägenapps Handwagen mindestens zehn Meter weit geschleudert. Jetzt trieb er sich irgendwo herum, und größte Vorsicht war am Platz. Agnes Heidepriem war gerade dabei, sehr anschaulich zu schildern, wie ihr Vetter von so einem Tier zu Tode getrampelt worden war, als sie hinter sich ein Schnauben hörte. Sie drehte sich um und fand sich Aug in Aug mit dem Bullen, der versuchte, seinen Kopf durch das enge Waschküchenfenster zu zwängen. Kaltblütig schlug sie ihm ein kochend heißes Handtuch auf die Nase, was ihn veranlasste, den Kopf schleunigst wieder zurückzuziehen.

Schnaubend hielt er Ausschau nach weiteren Möglichkeiten, es den Menschen heimzuzahlen. Dabei kamen wir Kinder ihm in die Quere. Wir waren dabei, am Backofen unter der Anleitung meines Bruders Flitzbögen und Pfeile herzustellen, als er vor uns auftauchte. Geistesgegenwärtig schubste mein Bruder uns inklusive Möpschen in den Holzschuppen und befahl dem Bernhardiner, die Klappe, und uns, die Tür zuzuhalten. Blind und taub vor Wut, rannte der Bulle am Schuppen vorbei, über den Hof, wobei er unsere Mathilde, das Wunderhuhn, fast mit dem Horn erwischte, über die Straße, hinunter zum See, wo er erst den Kahn bearbeitete und dann ins Wasser stampfte und dort prompt im Modder stekken blieb. Es erforderte großen Aufwand, ihn mit Hilfe der Feuerwehr und eines Treckers wieder herauszuziehen. Allerdings war bei diesem Unternehmen der Fischkasten zu Bruch gegangen, und mehrere prächtige Hechte entgingen dem Schicksal, auf einer porzellanenen Schüssel, mit Petersilie umkränzt, zu enden. Das Ufer war beschädigt, der Trecker hatte die Eiche geschrammt, und der Kahn war so leck, dass er nicht mehr benutzt werden konnte.

Es gab ein großes Palaver mit meinem Onkel, der nicht, wie von Vater erwartet, einsehen wollte, dass er die Zerstörungen zu verantworten habe, sondern etwas flapsig meinte, so was passiere eben, wir seien ja schließlich auf dem Lande. Nur der Bulle zeigte Einsicht. Er gab keinen Pieps mehr von sich und trottete kleinlaut, fest am Nasenring geführt, neben dem Schweizer her, bedeckt von Wasserpflanzen und Schlamm. Doch trotz seiner Demut und seines von nun an äußerst friedfertigen Verhaltens verlor mein etwas wetterwendischer Onkel die Lust an diesem Zuchttier, und so fand dessen Leben ein jähes Ende. Sein Nachfolger machte von Anfang an keine Schwierigkeiten. Er war ein sanftes, träumerisches Tier, das niemand zu fürchten brauchte, aber uns um ein herrliches Vergnügen brachte.

«Gott sei Dank», sagte Mutter, «man hatte ja jedes Mal Angst, an der Koppel vorbeizugehen, so rabiat, wie diese Bestie war.»

Vater war anderer Ansicht. Ein so prachtvolles Tier, so voller Saft und Kraft, einfach dem Metzger auszuliefern, nur weil es gewagt hatte, aufzumucken und auszureißen! Er jedenfalls habe für das Verhalten des Tieres großes Verständnis.

«Ich nicht», sagte Mutter und ließ sich Mamsells pikante Ochsenschwanzsuppe schmecken.

Kullerpfirsich

Eine sehr romantische Art Bowle. Wichtig: die Verwendung der weiß-fleischigen, sehr aromatischen Pfirsiche, die im Norden gedeihen. Der Name rührt daher, dass der Pfirsich durch den perlenden Sekt sich im Glas zu drehen beginnt. Dazu brauchen Sie ein großes Bowlenglas, das den Pfirsich fasst. Und ein kleines Kuchenbesteck, um den Pfirsich zu zerlegen.

Zutaten für 8 Personen:
8 weiße Pfirsiche　　　　　$^3/_4$ l Weißherbst oder Riesling
2 EL Zucker　　　　　　　2 Flaschen Sekt

Die Pfirsiche waschen, rundherum mit einer Nadel einstechen, in eine Bowlenkanne geben, mit Zucker bestreuen und mit dem Wein aufgießen, mindestens 1 Stunde kalt stellen. Dann je 1 Pfirsich in ein Glas legen, den Sekt in die Bowlenkanne mit den restlichen Pfirsichen und dem Wein gießen und einschenken.

Ochsenschwanzsuppe

Wenn Ochsenschwanz gekocht wird, dann muss sich das lohnen. Als zusätzliche Einlage gab es manchmal in dünne Scheiben geschnittene gegarte Nierchen.

Zutaten für 6 Personen:

3 Möhren
1 Petersilienwurzel
1 Stück Sellerie
1 Zwiebel
1,5 kg Ochsenschwanz in Scheiben
1 Stück Schinkenknochen oder
Schinkenreste
60 g Butter

2 l Fleischbrühe
je 2 Nelken, Piment-
  und Pfefferkörner
1 Lorbeerblatt
Salz, Pfeffer
2–3 EL Mehl
1 Schuss Portwein

Das Gemüse waschen und grob zerteilen, Zwiebeln nicht schälen. Ochsenschwanz und Knochen mit dem Gemüse in einem großen Topf in der Hälfte Butter kräftig schmoren. Dann die Brühe dazugießen und zum Kochen bringen. Die Brühe abschäumen und alles etwa 2 Stunden köcheln lassen.

Ein Sieb mit einem Mulltuch auslegen, die Brühe durchpassieren, über Nacht kalt stellen. Das Fleisch auslösen, fleischige Teile in kleine Würfel schneiden, extra aufbewahren.

Am nächsten Tag das Fett abheben, 2 EL davon mit der übrigen Butter erhitzen, das Mehl darin braun abbrennen, nach und nach mit der Brühe auffüllen und mindestens 15 Minuten leicht kochen lassen. Dann das Fleisch darin heiß werden lassen, Portwein zufügen und nochmals abschmecken.

Tipp: Als Aspik ist der Ochsenschwanz etwas länger haltbar. Kochen Sie ihn nur mit 1,5 l Brühe insgesamt 3 Stunden, entfetten Sie wie oben angegeben und klären Sie die Brühe wie im Rezept «Hähnchen in Aspik» (Seite 130) beschrieben. Dann die Brühe mit 2–3 EL Essig säuern und mit dem Fleisch und 1 EL Kapern in die Form einschichten.

RINDERSCHNITZEL MIT MEERRETTICH

Schmeckt toll, wenn das Fleisch gut abgehangen ist. Und braucht lange Zeit im Ofen, um wirklich mürbe zu werden.

ZUTATEN FÜR 4 PERSONEN:
800 g dünn geschnittene Rinder-
    schnitzel (z. B. Rouladenfleisch)
Salz, Pfeffer
60 g Butter

1 Meerrettichwurzel
½ l saure Sahne 10 % Fett
100 ml süße Sahne

Die Rinderschnitzelchen sehr dünn klopfen, von beiden Seiten salzen und pfeffern. Den Meerrettich waschen, schälen und fein reiben. Den Sauerrahm mit der Sahne glatt rühren. Die Butter in eine feuerfeste Form mit Deckel streichen. Eine Schicht Schnitzel einlegen, mit Meerrettich bestreuen und mit Sauerrahm bestreichen. Wieder Fleisch einschichten und so fort, bis alle Zutaten verbraucht sind. Mit Sauerrahm abschließen. Im vorgeheizten Backofen bei 160 Grad etwa 2,5 Stunden garen. Dazu passen Bratkartoffeln und Rote-Bete-Salat.

HAUSHOFMEISTERBRÖTCHEN MIT RINDERMARK

ZUTATEN FÜR 8 BRÖTCHEN:

8 Sardellen

1 Hand voll Champignons

2 Schalotten

200 g Mark aus der Beinscheibe

Pfeffer

8 kleine Brötchen

4 EL gehackte Petersilie

6 EL Butter

Madeira

2 hart gekochte Eier

8 Anchovisfilets

Von den Sardellen Kopf und Schwanz abschneiden, die Filets auslösen. Gräten, Kopf und Schwanz mit ½ l Wasser und den gehackten Champignons und Schalotten etwa 1 Stunde auskochen.

Das Mark wässern, dann waschen und in ½ cm dicke Scheiben schneiden. Den Fond durch ein Sieb gießen und in einer Pfanne auf etwa ¼ l reduzieren, pfeffern.

Inzwischen die Kruste von den Brötchen schneiden oder reiben. Brötchen leicht aushöhlen und im auf 200 Grad vorgeheizten Backofen kurz rösten, bis sie bräunlich werden. Mit einem Mix aus Petersilie und Butter ausstreichen.

Die Markscheiben in der Pfanne im Sud pochieren, mit Madeira abschmecken. Das Mark in die Brötchen füllen, mit Eischeiben und Anchovisfilets garnieren. Die Soße in eine flache Schale geben, Brötchen darauf anrichten, mit restlicher Petersilie bestreuen.

Tipp: Sie können das Mark auch durch Bries oder Hirn oder Hühnerbrustfilet oder Krabben ersetzen.

11

Die Bildungsreise

Mutter war der Meinung, auch ihre Kinder müssten mal raus, andere Tapeten sehen, nicht immer der gleiche Trott. Und so wurden erst mein Bruder und meine Schwester zu unseren Verwandten nach Schlesien geschickt. Meine Schwester fand das knorke, doch mein Bruder fragte: «Kann man da auch angeln?»

«Du und dein Angeln», sagte Mutter irritiert. «Das ist ja schon die reinste Manie.»

Eine Woche später war es dann so weit. Wir brachten die beiden zur Kleinbahn. Sie hatte wie üblich Verspätung, und es blieb Zeit genug für Mutter, meine Geschwister mit Mahnungen einzudecken. «Verliert eure Fahrkarten nicht! Bleibt weg von der Tür! Hängt euch nicht aus dem Fenster!»

Lange winkten wir ihnen hinterher. Als wir wieder zu Hause waren, hüpfte mein Herz. Endlich, endlich ein Einzelkind. Eine Freude, die mir nur kurz vergönnt war. Ich hatte es mir gerade auf der Veranda gemütlich gemacht und war dabei, meine Papierpuppen neu einzukleiden, als Mutter erschien und mir in dem Jubelton, den sie meistens anschlug, wenn sie mich von etwas überzeugen wollte, verkündete: «Ich hab heute einen Brief von Tante Armgard bekommen. Sie würde sich rasend über deinen Besuch freuen.»

Der Schreck fuhr mir so in die Glieder, dass ich einer meiner Puppen ein Bein abschnitt.

«Tante Armgard?», rief ich, als hätte ich diesen Namen noch nie gehört.

«Ja.» Mutter reagierte mit leichter Ungeduld. «Du weißt doch, sie wohnt in Potsdam. Sie muss dich wohl ins Herz geschlossen haben. In jedem Brief erkundigt sie sich nach dir. Du fandest sie doch auch immer besonders nett.»

«Ich?» Vor mir tauchte vage das Bild einer schon etwas schrumpligen Tante auf, die zum Abendbrot ein grauseidenes Kleid mit weißem Krägelchen trug, im Adelsblatt am liebsten die Todesanzeigen las, alles erschütternd fand – «Der arme Vincent, ihr wisst schon, der mit dem einen Bein, hat sich das andere nun auch noch gebrochen – erschütternd!» – und ständig auf der Suche nach ihrem Haarnetz war. Sie führte ein beschauliches Witwenleben in Potsdam und ließ sich leicht etwas aufschwatzen, insbesondere von Verkäuferinnen. So erschien sie einmal bei uns mit einem viel zu kleinen Hut und in einem offensichtlich teuren, aber viel zu mächtigen Mantel, in dem sie wie ein Kaffeewärmer aussah.

Mit dem Talent der Verkäuferinnen konnte Mutter es durchaus aufnehmen, und so war der von Tante Armgard ersehnte Besuch wohl eher ihre Idee. Mein Sträuben half mir nichts, Mutter blieb eisern. «Sei bitte nicht schwierig, Potsdam ist eine so schöne Stadt. Du wirst staunen, was du da alles zu sehen bekommst. Du weißt doch, das berühmte Glockenspiel: ‹Üb immer Treu und Redlichkeit / bis an dein kühles Grab / und weiche keinen Fingerbreit / von Gottes Wegen ab›», zitierte sie.

Ein paar Tage später brachte Vater Mutter und mich zur Klein-bahn. Er hatte uns sogar die zweite Klasse spendiert, wenn auch nur bis Rathenow. Ich fand das doof. In der dritten war immer viel mehr los. Gänseküken watschelten piepsend durch den Gang, oder ein Betrunkener grölte herum. Die zweite Klasse war so staubig, dass ich dauernd niesen musste, und völlig leer. Kaum hatten wir Platz genommen, verlangte es mich nach einer Stärkung, denn Mamsell hatte uns herrlichen Reiseproviant zurechtgemacht. Mut-ter pellte mir seufzend ein hartes Ei. «Wir sind noch nicht mal in Rathenow, und schon geht's wieder mit der Esserei los.»

Ich inspizierte inzwischen, was Mamsell uns so in die Reise-tasche eingepackt hatte, und beschnupperte all die Köstlichkeiten. «Pummelchen mit Leberpastete, oh! Schokoladenkekse, mmmh! Stullen mit Schlackwurst, auch sehr gut!»

«Ein Ei und nicht mehr!», sagte Mutter energisch. «Du weißt, hier gibt's kein Klo.»

Der Schaffner, der draußen von Abteiltür zu Abteiltür turnte, schwang sich herein, um die Fahrkarten zu kontrollieren.

«Wohin soll's denn gehen?»

«Nach Potsdam», sagte ich.

«Potsdam», wiederholte er so andachtsvoll, als hätte ich Honolu-lu gesagt. «Na denn, gute Fahrt.»

Im D-Zug fuhren wir selbstverständlich Holz-Klasse, und das letzte Stück legten wir mit der Straßenbahn zurück, das Nonplus-ultra für mich Landkind.

Die Tante wohnte im zweiten Stock einer ehemaligen Villa, deren Treppenflur mit roten Läufern, blinkenden Messingstangen, viel Marmor und großen Spiegeln ausgestattet war. Ich konnte mich von meinem Spiegelbild gar nicht trennen, bis Mutter ungeduldig wurde. «Nun komm endlich! Wir wollen hier nicht auf dem Flur übernachten!»

Wir klingelten, knarrende Schritte näherten sich, und Tante Armgard öffnete die Tür. Die von Mutter angekündigte rasende Freude über meinen Besuch schien sich in Grenzen zu halten. «Ach ja, das Kind», sagte die Tante, tätschelte aber dann doch freundlich meine Wange. Geübt schlängelte sie sich durch die mit geschnitzten und gedrechselten Möbeln voll gestopfte Wohnung, während Mutter und ich uns an all dem Zierrat blaue Flecken holten, ehe wir uns aufatmend an einem niedrigen Tischchen zur Vesper niederließen. Für mich gab es einen Becher ziemlich wässrige Milch und für die Damen Kaffee, der, nach Mutters Gesichtsausdruck zu urteilen, eine ziemliche Plörre sein musste, dazu trockenen Kuchen. Das Gespräch drehte sich überwiegend um Familienmitglieder, die im letzten Jahr das Zeitliche gesegnet hatten, wie Tante Armgard sich ausdrückte, und natürlich um meinen Onkel, den viel zu früh und so erschütternd Dahingeschiedenen, der während der Trauung einer Nichte bei den Worten des Pastors «… bis dass der Tod euch scheidet» einen Herzschlag erlitten hatte. Ich brannte darauf, auch etwas zu dieser Unterhaltung über Todesfälle beizusteuern und die Geschichte mit dem Bullen loszuwerden, der ja traurigerweise nun auch den Weg alles Irdischen gegangen, aber im Gegensatz zu dem Onkel noch für die menschliche Ernährung von Nutzen gewesen war, zum Beispiel in Form von Ochsenschwanzsuppe. Aber Mutter gab mir mal wieder keine Chance. Bereits nach den ersten, zugegebenermaßen etwas wirren Sätzen unterbrach sie mich. «Das gehört nun wirklich nicht hierher.» Und im Übrigen sei es höchste Zeit für sie, aufzubrechen, wenn sie den Zug noch rechtzeitig kriegen wollte.

Das Abendbrot bestand für mich aus einer dünnen Grießsuppe und einer Scheibe Pumpernickel mit einem Hauch von Schmelzkäse. Die Tante spielte liebenswürdigerweise noch eine Partie Mühle mit mir, und dann schickte sie mich ins Bett, obwohl es selbst für mein Alter viel zu früh war und ich die anderen Kinder noch auf der Straße lärmen hörte. Aber ich widersprach nicht. Ich hatte, von Mutter unbemerkt, einiges von Mamsells köstlichem Proviant in meinen Puppenkoffer gerettet, und nach meinem kärglichen Abendbrot lief mir allein schon bei dem Gedanken daran das Wasser im Munde zusammen. Leise knurpste ich in meinem riesigen Kastenbett so lange vor mich hin, bis der Magen jeden weiteren Bissen verweigerte. Ich hörte auf, an der Nachttischlampe herumzuspielen, und schlief, ein ungepelltes hartes Ei in der Hand, nach einem satten Rülpser auf der Stelle ein. Ich erwachte erst wieder von dem Rattern der schweren Jalousie, die jemand in die Höhe zog. Die Sonne schien mir ins Gesicht, und ich richtete mich auf. Vor mir stand eine kräftige Person etwa in Mamsells Alter und sagte: «Ick bin Anna. Nu sieh mal zu, dass du aus dem Bette und in die Puschen kommst. Aber Zähne putzen nich vergessen und ooch nich beim Waschen die Ohren.»

Anna war Tante Armgards Mädchen für alles und sollte meine Lebensretterin werden, als ich drohte an Langeweile zu sterben. Die Tante nämlich hielt weder etwas von einem Stadtbummel noch von Besichtigungen. Sie zog es nur zu einem Ort, dem Friedhof, der letzten Ruhestätte des Onkels. Zuerst fand ich es noch ganz interessant. Während sie an dem Grab des Onkels herumpusselte und sich mit anderen Trauernden, die das Gleiche taten, von dem immer wiederkehrenden Schmerz erschüttern ließ, schlenderte ich auf dem Friedhof herum, sah den Karnickeln zu, wie sie durch die Anlage flitzten, und hatte ein hochinteressantes Gespräch mit dem Kuhlengräber. Er erklärte mir genau, wie tief ein Grab sein musste und wie lange man im Winter bei starkem Frost dafür brauchte. Er stammte wie ich vom Lande, und in seinem Dorf waren die Toten noch in der Scheune oder im Stall aufgebahrt worden, zwischen Schafen, Schweinen und Hühnern. Am dritten Tag jedoch langweilte ich mich so, dass ich, gegen einen Grabstein gelehnt, einschlief, was die Friedhofsbesucher außerordentlich unpassend fanden. Außerdem spürte ich etwas, was ich noch nie gekannt hatte: wirklichen Hunger.

Nachdem Anna mich dabei ertappte, wie ich mich gerade über die Pellkartoffeln von gestern hermachte, hatte sie ein Unter-vier-Augen-Gespräch mit der Tante und nahm mich, wenn sie mit dem Abwasch vom Mittagessen fertig war, mit zu sich nach Haus, wo Töchterchen Erika, nur wenig älter als ich, bereits gespannt auf mich wartete. Ich bekam erst einmal ordentlich was zu futtern, und dann ging es ab in den Schrebergarten der Familie. Bei den Laubenpiepern fühlte ich mich sofort wie zu Hause. Es ging bei ihnen so ähnlich wie in unserem Dorf zu, jeder kannte jeden, dauernd wurde man ermahnt: «Tritt nicht aufs Geharkte», und das Gespräch drehte sich um Ernte und Wetter. Kinder zum Spielen gab es reichlich, bewacht von Müttern, Großmüttern und Tanten, die bereits am frühen Morgen, bewaffnet mit Thermosflaschen, kalten Klopsen, Heringssalat, Kartoffelsalat und Kuchen, in der Schreberkolonie Einzug hielten und die hungrigen Mäuler mit Obst aus eigener Ernte und Mitgebrachtem voll stopften.

Erikas Vater war Kutscher in einer Bierbrauerei und war diesem Produkt sehr zugetan. «Willste 'n Schluck von meiner Weißen mit Schuss?», fragte er mich alle Augenblicke, und Anna sagte tadelnd: «Nu mach aber mal halblang, Willi.»

Wir fachsimpelten über Vollblüter und Kaltblüter und dass ein guter Kutscher seine Pferde nur mit einem Zungenschnalzen zum Antraben bringen sollte und nicht mit der Peitsche. Erika besaß ein eigenes kleines Planschbecken, einen Laubfrosch und als besondere Attraktion eine schwanzlose Katze, ein großer Anziehungspunkt für die Kinder der Nachbarn – «Wo is denn nu dein Katzenvieh mit dem ab'n Schwanz?» –, bis Erika rief: «Haut ab, ihr Piesepampels! Wir sind hier nich im Panoptikum!» Als sie meinen verständnislosen Blick sah, fügte sie hinzu: «Da jibt et Menschen aus Wachs.» Dann lüftete sie unter meinen neidischen Blicken zum x-ten Mal ihre Kittelschürze, um ihren rosa Schlüpfer hochzuziehen. Meiner war noch am Leibchen angeknöpft, und rosa war er auch nicht.

Ehe ich es mich versah, war meine Zeit um, und ich fuhr wieder nach Haus. Ich war in prächtiger Verfassung, und Mutter konnte Tante Armgard gar nicht genug loben, wollte aber dann genau wissen, wo ich überall gewesen war und was ich alles gesehen hatte. Sie zog mich liebevoll an sich. «Was hat dir denn nun am besten gefallen? Sanssouci oder die Linde mit den Bittschriften? Ich weiß, sicher das Glockenspiel.»

Ich schüttelte den Kopf. «Am schönsten war's im Schrebergarten von Anna», sagte ich. Als sich herausstellte, dass ich mich ausschließlich dort aufgehalten hatte, war Mutter wirklich erschüttert, und Tante Armgard wurde nicht mehr sehr häufig erwähnt. Dafür fand ein Geschenk meiner Freundin Erika Vaters höchste Bewunderung: eine Büste von Bismarck aus Ton. In den Rillen auf dem Kopf, über den Augen und über dem Mund konnte man Gras säen, das tatsächlich nach kurzer Zeit zu sprießen begann. Stolz zeigte ich es meiner Familie. «Und neues Leben blüht aus den Ruinen», sagte Vater.

LEBERPASTETE

Diese einfache Pastete schmeckt besonders gut aus Enten- oder Gänse-
leber. Früher wurde statt Butter Schweineschmalz genommen, bei Gänse-
leber Gänseschmalz. Diese Pastete ist höchstens 4–5 Tage im Kühlschrank
haltbar.

250 g Kalbs- oder Geflügelleber   je 1 Prise Nelken und Piment
3–4 EL Weinbrand   2 Zweige Thymian
Salz, Pfeffer   150 g Butter

Die Leber gründlich waschen und trockentupfen. Mit Weinbrand, Salz,
Pfeffer und dem Thymian in einer kleinen Pastetenform mit Deckel
2–3 Stunden marinieren. Dann in dem auf 150 Grad vorgeheizten Backofen 30 Minuten garen, in der Form abkühlen lassen. Die Leber sollte gar,
innen aber noch leicht rosig sein. Hat die Leber Handwärme, den Thymian herausnehmen und die Butter in Stückchen zufügen. Mit dem
Pürierstab sehr fein pürieren, Nelken und Piment, evtl. einige Thymianblättchen zugeben. In eine Form streichen und im Kühlschrank aufbewahren.

Tipp: Schmeckt auch gut mit 50 g in Weinbrand eingelegten Rosinen.

Kalte Klopse

Zutaten für 4 Personen:

1 Brötchen	1 Ei
1–2 Cornichons	500 g Schweinemett oder Hackfleisch
1 Zwiebel	Salz, Pfeffer, 1 Prise Muskat
100 g Kochschinken	Schmalz zum Braten
1 TL Majoran	

Das Brötchen in warmem Wasser einweichen. Cornichons und geschälte Zwiebel fein würfeln. Schinken sehr fein hacken. Das weiche Brötchen ausdrücken, mit allen übrigen Zutaten einen Fleischteig kneten, evtl. mit Semmelbröseln dicker machen. Kleine Klopse formen und im heißen Schmalz von beiden Seiten braun braten. Nach dem Braten unbedingt rundherum mit Küchenpapier abtupfen, damit sich das Fett nicht absetzt. Kalt mit Mostrich essen.

Knisterkuchen

Zutaten für 1 kleines Backblech:

250 g sehr weiche Butter   125 g süße, geriebene Mandeln
125 g Zucker   250 g Mehl
1 Prise Salz

Die Butter mit dem Zucker und Salz sahnig-weiß rühren, dann die Mandeln unterrühren und das Mehl zugeben. 10 Minuten mit der Küchenmaschine kräftig schlagen. Den Backofen auf 180 Grad vorheizen. Das Backblech fetten und mehlen. Den Kuchenteig etwa fingerdick darauf ausstreichen. Den Knisterkuchen auf der Mittelschiene etwa 15 Minuten goldbraun backen. Noch heiß in Streifen schneiden. Nach Geschmack mit Puderzucker bestäuben oder mit Zuckerguss überziehen.

Tipp: Dieser schnell gebackene Kuchen bricht – «knistert» – leicht. Deshalb warm schnell schneiden. Oder unregelmäßig brechen.

Die «Giess Wasser in die Suppe»-Suppe

Diese Suppe lässt sich einfach verlängern, wenn es für mehr Hungrige reichen soll. Damit sie nicht zu wässrig wird, tut es aber auch ein Mehr an Sahne.

Zutaten für 4 Personen:

500 g vorwiegend mehlig kochende Kartoffeln
1 kleine Sellerieknolle
1 kleiner Porree
1 Möhre
1 Zwiebel
50 g gewürfelter Magerspeck
1 EL Butter
1 l Fleisch- und Knochenbrühe

1 Lorbeerblatt
6 Pfefferkörner
3 Pimentkörner
0,1 l süße Sahne
1 TL Mehl
Salz, Pfeffer
Weinessig
gehackte Petersilie

Die Kartoffeln und das Gemüse waschen. Kartoffeln und Sellerie schälen, in Scheiben schneiden. Porree von Wurzeln und Grün befreien, den weißen Schaft in Ringe schneiden. Die Möhre schälen und würfeln. Die Zwiebel schälen und fein würfeln. Den Speck in der Butter zerlassen. Zwiebel und Lauch anbraten. Dann das übrige Gemüse zugeben und unter Rühren leicht dünsten. Mit der Brühe angießen, die Gewürze zugeben und alles etwa 30 Minuten weich kochen. Durch ein feines Sieb streichen (oder Gewürze herausfischen, Suppe mit dem Pürierstab kurz pürieren – aber Vorsicht – die Suppe kann bei zu langem Pürieren kleistrig werden). Die Sahne mit dem Mehl verquirlen und unter Rühren in die Suppe geben, nochmals 5 Minuten leicht kochen lassen. Mit Salz, Pfeffer und etwas Essig abschmecken, mit Petersilie garnieren.

Noch besser schmeckt die Suppe mit Speckwürfeln, die mit Zwiebel-
würfeln geröstet werden. Oder mit in Butter gerösteten Weißbrotwürfeln.
Oder einfach mit Fleischresten, in Würfel geschnitten.

12

Die Schlafwandlerin

Meine Schwester war mir in allem voraus. Sie konnte die Zungenbrecher «Die Katze tritt die Treppe krumm» und «Fischers Fritze fischte frische Fische» doppelt so schnell wie ich aufsagen, doppelt so viele Klimmzüge mit Überschlag an der Teppichstange machen und mit geschlossenen Augen, ohne das Gleichgewicht zu verlieren, auf einem schmalen Baumstamm balancieren, was ich trotz beharrlichem Üben nicht fertig brachte. Sie war eine Meisterin im Mogeln beim Kartenspiel, dem Erfinden von Ausreden und handelte stets nach dem Spruch: «Bescheidenheit, Bescheidenheit, verlass mich nicht bei Tische und mach, dass ich zur rechten Zeit das größte Stück erwische.» Sie vermöbelte meinen Bruder, wenn ihr danach war, und packte den knurrenden und wild nach ihr schnappenden Möpschen beim Schlittschuhlaufen am Schwanz, um sich von ihm übers Eis ziehen zu lassen. Sie jagte auf Vaters Fahrrad, Marke Brennabor, mit fliegenden Zöpfen über Stock und Stein und stemmte beim Bergabfahren sogar die Füße auf die Lenkstange, während ich schon daran scheiterte, beim Anfahren mein Bein über den Sattel des Herrenrades zu schwingen. Und nun hatte sie sich noch eine Fähigkeit zugelegt, die mich vor Neid erblassen ließ: Sie schlafwandelte. Mamsell hatte diese «erschütternde» Feststellung gemacht und an Mutter weitergegeben.

Ich war bei Vater gerade mal wieder in Ungnade gefallen, weil ich mich über die strenge Regel hinweggesetzt hatte, den *Havelländer* nicht anzufassen, ehe ihn Vater von vorn bis hinten gelesen hatte. Vater waren zerknitterte und von uns durcheinander gebrachte Seiten ein Gräuel. Ärgerlich zeigte er auf die von mir mit Fratzen verzierten Ränder und rief ungehalten: «Nun haben wir schon eine zweite Zeichenkünstlerin im Haus! Womit habe ich nur so viel Talent verdient!»

Er drohte mir, mich nach Neuruppin zu schicken. Ich sah ihn perplex an. «Neuruppin?»

«Ja, Neuruppin. Dort werden nämlich die Bilderbogen von Gustav Kühn hergestellt, die du so sehr schätzt. Und früher mussten Kinder in deinem Alter sie kolorieren, acht Stunden am Tag für fünf Pfennig die Stunde. Die haben bestimmt zu Hause keinen Pinsel mehr angerührt.»

Unser Gespräch wurde jäh von Mutter unterbrochen, die völlig aufgelöst auf der Veranda erschien und sagte: «Ich bin sehr beunruhigt.»

«Worüber denn, um Himmels willen?», fragte Vater.

«Über unsere älteste Tochter. Sie ist mondsüchtig.»

Vater stöhnte mit gespieltem Entsetzen. «Ist man denn in dieser Familie vor keiner Verdrehtheit mehr sicher? Und wer hat das festgestellt?»

«Mamsell hat sie gefunden. Oder vielmehr Möpschen. Er hat jedenfalls wie verrückt gebellt, so dass Mamsell aufgestanden ist, um zu sehen, was los ist. Und weißt du, wo das Kind war? In der Vorratskammer neben der Küche saß sie ganz verstört auf einem Korb Äpfel und wusste nicht mehr, wie sie dahin gekommen war.»

Vaters Vermutung, die magnetischen Kräfte des Mondes hätten sie vielleicht zu dem Rest der Buttercremetorte geleitet, wies Mutter weit von sich. «Von der hast du doch gestern das letzte Stück gegessen. Dich geopfert, hast du gesagt, damit sie keinen Stich bekommt. Ich mach mir wirklich Sorgen.»

«Nicht doch», versuchte Vater sie zu beruhigen.

Meine Schwester war mondsüchtig, und ich versank in Schwermut. Nachts durchs Haus zu streifen oder ein wenig durchs Dorf zu spazieren war bisher mein Privileg gewesen, und niemand in der Familie hatte sich deswegen besorgt gezeigt. Und nun lief mir meine Schwester den Rang ab. Mondsüchtig! Mit so etwas Ausgefallenem konnte ich nicht konkurrieren.

«Sitzt du mal wieder auf deinen Ohren?», wollte Vater wissen. «Wir haben dich was gefragt. Wieso hast du eigentlich nichts bemerkt? Ihr schlaft schließlich im selben Zimmer.»

Unmöglich für mich, zuzugeben, dass ich im Gegensatz zu Mutters Meinung, ich sei ein übersensibles Kind und litte an Schlafstörungen, in der Regel bombenfest schlief. Und so erfand ich eine Geschichte, die jedem das Gefühl geben musste, meine Schwester sei im Oberstübchen nicht mehr ganz richtig. «Und einmal», beendete ich meine Ausführungen, «hat sie sich nachts ein Glas geholt und das Wasser aus dem Aquarium getrunken. Den Goldfisch hat sie aber rechtzeitig wieder ausgespuckt.»

Zu meinem Leidwesen reagierten die Eltern keineswegs mit Entsetzen. Sie sahen sich nur an und verließen die Veranda gemeinsam, wobei Vater nicht versäumte, noch einmal anklagend auf den *Havelländer* zu zeigen und «Neuruppin» zu murmeln. An diesem Tag war das Thema erst einmal vom Tisch, aber nur kurz, denn als die Eltern spätabends von einem Diner zurückkamen, geisterte ihre Tochter im Nachthemd barfuß über den Hof, ohne auf Mutters Zuruf zu reagieren. Mutter weinte fast: «Das ist ja schlimmer, als ich dachte! Was sollen wir nur tun?»

«Na, erst mal dafür sorgen, dass sie sich die Füße wäscht, bevor sie wieder ins Bett geht», sagte Vater. «Bei dem Entendreck hier auf dem Hof.»

«Füße waschen, Entendreck», wiederholte Mutter empört. «Deine Sorgen möcht ich haben.»

Doch dann kam Möpschen angetrottet, gab meiner Schwester einen ordentlichen Schubs mit seinem dicken Kopf, und sie erwachte auf der Stelle aus ihrem somnambulen Zustand. Wie eine Schwerkranke wurde sie ins Schlafzimmer geführt und ins Bett gebracht, wo sie auf der Stelle weiterschlief.

Von jetzt an drehte sich das Gespräch nur noch um unsere Schlafwandlerin. Niemand interessierte sich für meine Erlebnisse bei Tante Armgard, weder dafür, dass ich dort fast den Hungertod gestorben wäre, noch für meine neue Freundin Erika mit dem rosa Schlüpfer und der Katze mit dem «ab'n Schwanz». Warum konnte ich nicht wie sie ein Einzelkind sein und einen Vater haben, der mich huckepack durch die Schreberkolonie trug, im Unterhemd im Garten saß und mich von seiner Weißen mit Schuss trinken ließ? Auch mein Bruder fand, dass reichlich viel Wind um meine Schwester gemacht wurde, und das, wo er doch gerade mal wieder einen Hecht von sagenhafter Größe gefangen hatte. «Steck ihn in den Fischkasten», war Vaters einziger Kommentar gewesen.

Es gab keine beschaulichen Gespräche mehr über den sich langsam verabschiedenden Sommer mit den kühler werdenden Nächten, keinen Rückblick auf die vielen lustigen Begebenheiten mit unseren Sommergästen, sondern immer nur das Rätseln über das merkwürdige Verhalten meiner Schwester und was dahinter stecken könnte.

«Na, was schon?», sagte Vater, dem das Thema allmählich zum Hals heraushing, ungeduldig. «Wir sind doch alle mal schlafgewandelt.»

«Ich nicht», sagte Mutter und fuhr mit meiner Schwester nach Rathenow zu unserem Hausarzt, um sie gründlich untersuchen zu lassen. Der horchte sie ab, ließ sie mehrmals «neunundneunzig» sagen, betrachtete eingehend ihre Zunge und sprach stirnrunzelnd von Plattfüßen und von Polypen in der Nase, hörte sich Mutters Bericht über die Schlafwandelei an und entließ beide mit dem Satz: «Das sind so Lebenssachen, das verwächst sich wieder.»

Nur wenig getröstet, kehrte Mutter zurück, denn sie bekam von allen Seiten grausige Geschichten serviert – «Mein Neffe ist dabei vom Dach gestürzt und war auf der Stelle tot» –, gewürzt mit guten Ratschlägen. Der Scherenschleifer, der wie jedes Jahr um diese Zeit durch die Dörfer zog und dafür sorgte, dass man auf unseren Messern nicht reiten konnte, wie Vater sich auszudrücken pflegte, schlug vor, zwei Scheren so im Bett zu platzieren, dass ihre

Spitzen am Kopfende und an den Füßen nach draußen ragten. Das halte todsicher jeden bösen Geist davon ab, mit meiner Schwester Schabernack zu treiben. Mamsell war mehr dafür, ihr eine mit eiskaltem Wasser gefüllte Wanne vors Bett zu stellen. Ich fand den Vorschlag phänomenal. Leider jedoch wurde mir der Anblick meiner aus dem Bett in die Wanne platschenden Schwester nicht vergönnt, so oft ich auch, mich mühsam wachhaltend, im Mondlicht zu ihr hinüberblinzelte. Sie schlief und rührte sich nicht.

Ein paar Tage später weckte mich Möpschens Bellen. Das Bett meiner Schwester war leer, die Wanne unberührt. Jedenfalls war kein Tropfen Wasser auf dem Bettvorleger zu entdecken. Schlaftrunken lief ich Möpschens Bellen nach in den Keller.

Dort saß meine Schwester wimmernd in einer Pfütze süßer Sahne. «Was hat sie denn?», fragte ich.

«Den Fuß verstaucht», sagte Mamsell, von der meine Schwester anscheinend gefunden worden war.

Nicht so recht geklärt werden konnte, ob meine Schwester oder Möpschen in seiner Erregung den Sahnetopf umgeworfen hatte. Mutter fand das Ganze sehr beunruhigend, Vater eher dubios.

Das Ende vom Lied war, dass das bedauernswerte Kind, das acht Tage seinen Fuß ruhig halten musste, nach allen Regeln der Kunst verwöhnt wurde und von Mamsell nur noch seine Lieblingsgerichte wie Apfel im Schlafrock serviert bekam.

Kurioserweise hatte dieser Unfall meine Schwester plötzlich von ihrer Mondsüchtigkeit geheilt. «Ja, ja», sagte Vater, «ein kleiner Schock wirkt manchmal Wunder.»

Mutter runzelte die Stirn. «Was soll denn das nun wieder heißen?»

Das Interesse meiner Eltern an mir kehrte zurück, wenn auch nicht unbedingt auf angenehme Weise. War ich früher für alles zu klein gewesen, war ich plötzlich für alles Mögliche groß genug, zum Beispiel, mir einen Knopf anzunähen, einen Strumpf zu stopfen oder anstelle meines Bruders das Pferd des Onkels auf der Dorfstraße auf und ab zu führen.

Kartoffel-Tomaten-Auflauf

Zutaten für 4 Personen:

750 g reife Tomaten	Salz, Pfeffer, geriebene Muskatnuss
2 Zwiebeln	2 EL Majoranblättchen
1 Prise Zucker	20 g Semmelbrösel
100 g Butter	80 g geriebener Parmesan
750 g Kartoffeln	

Die Tomaten kreuzweise einschneiden, überbrühen, schälen und vierteln. Die Zwiebeln schälen und fein würfeln, in 1 EL Butter in einer offenen Pfanne hellgelb dünsten. Die Tomaten zugeben und schmoren, bis sie eingekocht sind. Inzwischen die Kartoffeln waschen, in der Schale mit etwas Wasser und Salz garen, abschrecken, pellen und heiß durch die Kartoffelpresse drücken. Das Tomatenpüree kräftig würzen, den Majoran und die Muskatnuss unterrühren. Anschließend die Masse mit 50 g Butter unter den Kartoffelbrei mischen. Eine große, flache Gratinform buttern, den Backofen auf 200 Grad vorheizen. Die Masse einfüllen, glatt streichen und mit Semmelbröseln und Parmesan bestreuen. Mit Butterflöckchen belegen und in den heißen Ofen schieben. In etwa 20 Minuten goldbraun backen. Dazu passen Bratwürstchen oder Hering.

Heringssalat

Salzhering und Sardellen gehörten zum Vorrat und als würzender, preiswerter Sattmacher in viele Gerichte. Der Hering wurde wegen fehlender Kühlmöglichkeiten aber mit mehr Salz eingelegt als heute – deshalb wurde dieser Salat nicht zusätzlich gesalzen.

Zutaten für 4–6 Personen:

2 Salzheringe (oder
   4 Matjesfilets)
evtl. Buttermilch zum Einlegen
3–4 säuerliche Äpfel
2 hart gekochte Eier
2 saure Gurken
etwa 200 g gegartes Kalbfleisch
   (Rest)

Für die Soße:
1 EL Mostrich
1 fein geriebene Zwiebel
3–4 EL Öl
3–4 EL Essig
1 Prise Zucker, Pfeffer, Salz
1 EL Kapern
½ Tasse Fleischbrühe
1 frisches Eigelb
1 Bindsalat zum Anrichten
Ei und Gurke zum Garnieren

Die Heringe ausnehmen und 12 Stunden wässern. Dann filetieren und, wenn noch sehr salzig, für 2 Stunden in Buttermilch legen. Die Äpfel schälen, die Eier pellen. Hering, Apfel, Gurken, Eier und Fleisch in Würfel oder Streifen von ähnlicher Größe schneiden. Für die Soße den Mostrich langsam mit der Zwiebel, Öl, Essig, Zucker, Pfeffer, wenig Salz und Kapern verrühren. Die Brühe und das Eigelb unterschlagen und die Soße über die Zutaten geben. 1 Stunde durchziehen lassen, nochmals abschmecken. Den Bindsalat putzen, waschen und eine Schale damit auslegen, den Heringssalat einfüllen und mit Ei- und Gurkenscheiben dekorieren.

BUTTERCREMETORTE

ZUTATEN FÜR 1 SPRINGFORM À 24 CM:

6 Eier   *Für die Creme:*

250 g Zucker   1 Pck. Puddingpulver Schoko

125 g Kartoffelmehl   ½ l starker Milchkaffee

abgeriebene Schale einer Zitrone   3 EL Zucker

1 TL Zitronensaft   250 g Butter

1 Prise Salz, 1 TL Stärke   Schoko-Mokka-Bohnen

Die Eier trennen. Die Eiweiß kalt stellen, die Eigelb mit dem Zucker cremig aufschlagen. Das Kartoffelmehl unter Rühren zugeben. Die Zitrone heiß abwaschen und die Schale abreiben, dann pressen und Schale und Saft unter den Teig rühren. Die Eiweiß mit einer Prise Salz und etwas Stärke ganz steif schlagen. Den Eischnee vorsichtig unter den Teig heben. Eine Springform einfetten und ausmehlen, den Biskuitteig einfüllen und im vorgeheizten Ofen bei 180 Grad etwa 35–40 Minuten lang backen.

Aus frisch gebrühtem starken Kaffee und Milch einen Milchkaffee herstellen. Zusammen mit dem Puddingpulver nach Packungsanleitung aufkochen, mit dem Zucker abschmecken. Puddingmasse abkühlen lassen. Die zimmerwarme Butter in Flöckchen zum abgekühlten, aber noch nicht festen Pudding geben und so lange rühren, bis die Creme geschmeidig und klümpchenfrei ist.

Den Biskuit in zwei Böden zerschneiden und mit etwa ⅔ der Mokkacreme füllen. Mit der restlichen Creme die Torte umhüllen. Mit einem Spritzbeutel Krönchen aufspritzen und mit Schoko-Mokka-Bohnen verzieren.

Tipp: Wer mag, kann in die Mokkacreme noch 1 TL Kaffeepulver geben.

APFEL IM SCHLAFROCK

ZUTATEN FÜR ETWA 8 STÜCK:

450 g TK-Blätterteig
8 Boskoop-Äpfel
60 g gehackte Haselnüsse

60 g Johannisbeergelee
evtl. etwas Eiweiß
Puderzucker zum Bestäuben

Blätterteig auftauen lassen, in 8 Rechtecke unterteilen. Den Backofen auf 200 Grad vorheizen. Backblech vorbereiten.

Äpfel waschen und das Kerngehäuse ausstechen. Nüsse in einer beschichteten Pfanne rösten, mit Johannisbeergelee vermischen und in die Äpfel füllen.

Teigplatten ausrollen, je einen Apfel darauf setzen, den Teig übereinander klappen. An den Überlappungsstellen mit Wasser oder Eiweiß fixieren.

Äpfel dicht nebeneinander auf das Backblech setzen und im heißen Backofen etwa 20 Minuten backen. Mit Puderzucker bestreuen.

Inhalt

AUGUST

Ilse Gräfin von Bredow
Ich sitze hier und schneide Speck
Mit Rezepten von Dagmar von Cramm
207 Seiten, mit zahlreichen Vignetten
gebunden mit Schutzumschlag
ISBN 3-502-11082-4

Ein Leckerbissen für die große Bredow-Gemeinde: 12 Frühlingsgeschichten aus der Küche Ilse Gräfin von Bredows märkischer Kindheit – Geschichten, die im Stil direkt an «Kartoffeln mit Stippe» anknüpfen. Die Rezepte von Dagmar von Cramm zeigen, wie's gekocht wird.